감자탕교회 조현삼 목사에게 글로 듣는 주례사

결혼설명서

조현삼 지음

생명의말씀사

결혼설명서

ⓒ 생명의말씀사 2009, 2010

2009년 3월 31일 1판 1쇄 발행
2010년 9월 10일 2판 1쇄 발행(핸디북)
2024년 3월 28일   12쇄 발행
2024년 6월 7일 1판 35쇄 발행

펴낸이 ㅣ 김창영
펴낸곳 ㅣ 생명의말씀사

등록 ㅣ 1962. 1. 10. No.300-1962-1
주소 ㅣ 서울시 종로구 경희궁1길 6 (03176)
전화 ㅣ 02)738-6555(본사) · 02)3159-7979(영업)
팩스 ㅣ 02)739-3824(본사) · 080-022-8585(영업)

지은이 ㅣ 조현삼

기획편집 ㅣ 유선영, 문효진
디자인 ㅣ 김혜진
일러스트 ㅣ 박시남
인쇄 ㅣ 영진문원
제본 ㅣ 다온바인텍

ISBN 978-89-04-14117-3 (03230)

저작권자의 허락없이 이 책의 일부 또는 전체를
무단 복제, 전재, 발췌하면 저작권법에 의해 처벌을 받습니다.

프롤로그

가장 멋진 쪽대본 결혼 드라마

배우들은 때때로 쪽대본을 받아 드라마를 찍는답니다.

대본이 다 나온 후에 드라마를 촬영하는 경우도 있지만 극을 전개해 나가면서 작가가 계속 대본을 쓰는 경우도 있나 봅니다. 그러다 보니 때로는 촬영현장으로 그날 거기서 찍을 씬 대본만 전해지는 경우도 있습니다. 이것을 쪽대본이라고 한다고 하네요. 쪽대본을 받아 든 배우는 오직 그 대본만 보고 그 대본대로 연기합니다. 다음 회에 드라마가 어떻게 진행될지는 연기를 하는 배우 자신도 모릅니다.

쪽대본 이야기를 듣는데, 어쩌면 우리 인생 드라마 대본도 쪽대본 같다는 생각이 들었습니다. 다음 회가 어떻게 진행될지 모르는 가운데 그저 오늘 주어진 쪽대본대로 우리는 인생 드라마를 촬영하고 있습니다. 드라마 작가는 스토리가 잘 풀리지 않아서 쪽대본을 보낸다고 합니다. 그러나 우리 인생 드라마 작가이신 하나님은 우리를 위해 쪽대본을 보내 주십니다.

장래 일을 알지 못한다는 것이 어떻게 보면 불안함의 요인일 수 있겠지만, 이것처럼 감사한 일이 또 있을까 싶습니다. 내일 일을 알지 못하고, 우리가 죽을 날을 알지 못하고 산다는 것이 얼마나 감사한 일인지요.

기독상담정신의학연구회에서 제가 "결혼과 정신건강"이란 제목으로 발표한 자료가 월간 『목회와 신학』 1991년 3월호와 4월호에 실렸습니다. 그 자료에는 "사회 : 이만홍(연세대 의대 정신과 교수), 발표 : 조현삼(가정사역자)"로 되어 있습니다. 이번에 그 자료를 다시 한번 보는데 가정사역에 가슴 뛰던 추억이 떠올랐습니다. 저는 1991년 가을에 목사 안수를 받고 가정사역을 전임으로 하려고 사무실을 구하러 다녔습니다. 그러던 어느 날, 쪽대본이 도착했습니다. 거기엔 "교회를 개척하라"고 써 있었습니다.

1992년 3월의 일입니다.

그 후 지금까지 서울광염교회 담임목사로 행복하게 목회하고 있습니다. 우리 교회 꿈 중 하나가 "일만 가정 이상을 천국의 모형으로 만드는 교회"입니다. 전임으로 가정사역을 하지는 못하지만 여전히 지금도 가정이란 말은 목회란 말과 함께 제 가슴을 뛰게 하는 말 중에 하나입니다. 지금도 교회 안에서 설교를 통해, 성경공부를 통해 가정사역을 행복하게 하고 있습니다. 가정을 회복시키는 일, 가정을 통해 천국을 경험하게 하는 일을 섬기고 있습니다.

몇 달 전에 받아든 쪽대본에 "성경을 통해 결혼설명서를 한번 정리하라"고 써 있었습니다. 오늘까지 하루하루 하나님이 주신 쪽대본을 받고 결혼 드라마 촬영을 마쳤습니다. 성령에 이끌리어 기쁜 마음으로 이 작업을 했습니다. 『결혼설명서』를 통해 세워지고 회복될 수많은 가정들을 상상하면서 촬영했습니다. 결혼 안에 이런 행복이 들어 있었느냐고, 결혼을 통해 나는 천국을 경험했다고 춤추는 수많은 사람들을 상상하면서 결혼 드라마를 촬영했습니다.

내일 아침이면 하나님은 또 쪽대본을 보내 주실 것입니다. 그 쪽대본을 들고 내일은 또 열심히 내일의 드라마를 찍을 것입니다. 다음 씬은 모릅니다. 그래도 평안합니다.

인생 대본을 쓰시는 하나님, 그분은 우리를 사랑하시는 우리 아버지이십니다. 우리를 위해 가장 아름다운 대본을, 가장 멋진 대본을 써 주실 것입니다. 그분을 믿기에, 그분을 신뢰하기에 우리는 묵묵히 하루하루 주어지는 쪽대본에 감사하며 열심히 인생 드라마를 찍고 있습니다. 그것들을 모아 하나의 작품으로 만드실 분은 우리 하나님이십니다. 우리는 그분을 믿습니다.
   사랑합니다.

2009년 3월
조현삼 목사

목차

프롤로그

저, 결혼합니다 • 12
결혼식장 들어가기 전에… • 14

study 1
결혼을 만드신 '하나님' 배우기 _ 결혼, 미리 맛보는 천국 • 17

처음 뵙겠습니다 | 결혼은 하나님이 만드셨다 | 하나님은 결혼설명서도 만드셨다 | 하나님께서는 왜 결혼을 만드셨을까? | 1. 결혼 : 하나님을 비추는 거울 | 2. 결혼 : 예수를 경험하는 통로 | 3. 결혼 : 천국을 경험하는 통로 | 4. 결혼 : 생육, 번성, 충만의 통로

study 2
결혼을 하는 '사람' 배우기 _ 결혼, 사람과 사람이 한다 • 37

대체 결혼이란 뭘까? | 결혼은 남자와 여자가 | 결혼은 한 남자와 한 여자가 | 남자와 여자는 다르다 | 여자인 아내를 공부하라 | 남자인 남편을 공부하라 | 만든 재료가 다르다 | 결혼은 사람만의 특권 | 연약함 그리고 부족함 체크리스트 | 한 가지가 걸려요 | 그녀가 좋아할 줄 알고 | 도와주고 채워 주고 | 둘이 합해 100점 만들기 | 연약함, 부족함이여 안녕! | 보는 눈 달라지기

study 3
떠남 배우기 1 _ 결혼, 결정권 주고받기 • 73

얘들아, 떠나라 | 결정권 유효기간 | 결혼식=결정권 이양식 | 최종 결정권은 주님께

Marriage Guidebook

study 4
떠남 배우기 2 _ 결혼, 아들을 며느리에게로 • 89

아들아, 네 여인에게 가라 | 아들아, 통장도 가져가라 | 두 번째 탯줄 끊기 | 결정은 너희가 해라 | 결정권 넘기기 연습 | 마지막 결정권 | 결혼식, 부모 공경의 출발점 | 허물을 덮는 것도 공경이다 | 부모 공경은 돈으로 한다

study 5
연합 배우기 1 _ 결혼, 남편과 아내의 연합 • 119

남편, 아내와 연합하기 | 연합, 뼈와 살이 붙다 | 색종이 붙이기 | 색종이 떼기 | 이혼, 또 다른 문제의 시작 | 이혼은 현실이다 | 연합의 재료, 사랑 | 남편, 그대의 사명은? | 사랑은 어떻게 하는 거지? | 성내지 않는 게 사랑이야

study 6
연합 배우기 2 _ 결혼, 결정권의 연합 • 149

두 개의 결정권 하나로 만들기 | 아내여, 남편을 자신의 결정권자로 | 세상에서 가장 아름다운 화장품 | 순종하면 행복해지는 이유 | 선 결정, 후 통보? | 남편은 중간결정권자 | 결재 라인을 뚫어라 | 동서남북으로 귀를 열어 두라 | 아내를 괴롭히는 결정은 피하라 | 결정권자의 최고 미덕은 겸손 | 더 높은 권위가 있다

study 7
연합 배우기 3 _ 결혼, 몸의 연합 • 175

하나님의 선물, 프로스콜라오마이 | 안과 밖을 주의하라 | 한 가지 죄로 모든 것을 잃는 길 | 비디오 말고 성경으로 성을 배우라 | 부부관계, 열심히 하라 | 서로를 만족시키는 기쁨 | 세상에서 가장 황홀한 헌신 | 말 안 하면 몰라 | 부부관계의 결정권은 두 사람 모두에게 | 수단이 아니라 목적이다 | 부부관계는 몸으로 한다 | 과거를 묻지 말라 | 물 샐 틈 없는 사랑

study 8
연합 배우기 4 _ 결혼, 돈의 연합 • 205

내 돈 네 돈, 우리 돈 만들기 | 재산도 합치고 부채도 합치고 | 통장 합칠 마음 없으면 결혼하지 말라 | 동의 없이 보증서지 말라 | 돈 관리는 은사 있는 사람이 하라

study 9
하나 됨 배우기 _ 결혼, 하나 됨의 행복 • 223

하나 되기 위하여 | '로 토브'가 '토브 메오드'로 | 부부가 연합하여 동거함이 토브 | 하나 됨과 온전함 | 온전함으로 가는 길 | 순종함을 배워 온전하게 | 가정 미션 | 충전공동체 | 가자, 세상으로!

study 10
결혼 생활에 힘이 되는 말 배우기 _ 결혼, 말이 힘이 된다 • 247

공부해야 말 잘한다 | 꼭 말로 해야 돼? | 정직하라 | 궁금하면 물어보기, 물어보면 대답하기 | 거룩한 삼각관계 | A/S를 기대하며 | 마지막으로 하나 더

스터디 가이드북 • 268

저, 결혼합니다

비전하우스 안쪽에 있는 내 방문을 열고 민수가 들어왔다.
비전하우스는 우리 교회 사무실 이름이다. 내 방은 그 안쪽에 있다.
"어, 민수 어서 와."
"목사님, 사랑합니다."
민수는 내게 와서 안기며 인사를 했다. 나도 민수를 가볍게 안아 주며 사랑한다고 화답했다.
다른 곳에서는 낯선 모습일지 몰라도 우리 안에서는 익숙한 인사다.

"목사님, 저 결혼하게 됐어요. 목사님께 주례 부탁드리러 왔어요."
"그래, 축하해. 성 목사님에게 들었어. 신부는?"
내심 궁금했다.
"네, 직장에서 만난 자매입니다."
"아, 그래…."
청년들을 직접 지도하는 입장은 아니기 때문에 청년들이 누구와 교제하는 것까지 다 알지는 못한다. 그래도 가끔은 누가 누구와 사귀는 것 같다는 이야기를 듣는다. 민수도 전에 같은 청년부 자매와 교제를 하는 것 같다고 들었는데 그 자매와 결혼까지 이르진 못한 모양이다.

청년들 중에는 간혹 처음 교제 상대와 결혼에 골인하는 커플도 있지만 대부분은 민수처럼 시행착오를 겪으면서 자기 짝을 찾는 과정을 거친다. 그 과정을 통해 하나님께서 짝지어 주신 자기 짝을 찾아간다.

때로는 남의 짝을 자기 짝인 줄 알고 교제를 하다 자기 짝이 아닌 것을 알게 되는 경우도 종종 있다. 그러면 또 다시 짝을 찾아 나서고 이런 과정을 몇 차례 반복하기도 한다.

잘 아는 바와 같이 아담과 하와는 하나님께서 짝을 지어 주셨다. 하나님께서 미팅도 주선하시고 결혼 주례까지 해 주셨다. 아담과 하와 이후로도 하나님은 여전히 짝을 지어 주시지만 이제 그 짝을 찾는 일은 사람의 몫이 되었다. 이런 과정을 알기에 나는 청년들이 교제를 하다 헤어졌다고 해도 그것을 그들의 '과거'로 기억하지 않는다. 대신 교제하는 청년들에게 서로의 결혼식에 하객으로 갈 수도 있으니 그것을 염두에 두고 교제하라고 가르친다.

"그래, 날은 잡았어?"
"아직 안 잡았어요. 목사님 스케줄을 보고 가능한 날을 잡으려고요."
"결혼식 날은 신부가 잡는 거야. 주례 일정에 맞춰 결혼 날 잡는 법이 어디 있나. (웃음)"

결혼식은 주로 토요일에 한다. 그러다 보니 겹치는 경우도 있다. 그래서 주례 요청이 들어오면 청년부 담당 목사님이 선착순으로 주례 일정을 잡아 준다. 주일을 앞둔 토요일에 결혼식 주례를 여러 번 할 수 없어 이렇게 한다. 이 얘기를 아마 민수도 들어서 알고 있는 모양이었다.

일정표를 보여 주면서 가능한 날들을 일러 주었다.

"주례를 받기 위해서 거쳐야 하는 과정이 있는 것은 알고 있지?"

"네, 성 목사님에게 들었습니다."

결혼 주례를 요청하는 신랑 신부는 기본적으로 해야 하는 과제가 있다. 먼저 내가 인도했던 가정생활세미나를 녹음한 테이프를 듣고 소감문을 써 와야 한다. 지정해 주는 결혼과 관련된 도서 두 권도 읽어야 한다. 그리고 결혼식 전 주에는 청년부 담당 목사님이 두 사람을 만나 두 시간 정도 결혼 교육을 한다. 이 시간은 주로 실제적이고 구체적인 결혼 생활, 특별히 성에 대한 성경적 가르침을 함께 나눈다. 전에는 내가 직접 했는데 결혼하는 청년들이 많아지면서 청년부 담당 목사님에게 위임을 했다.

결혼식장 들어가기 전에…

"민수 형제, 이번에는 그 과정을 나하고 하지."

"네? 목사님 하고요?"

믿기지 않는지 눈이 둥그레졌다.

"왜, 부담스러운가?"

"아니요. 부담이라뇨. 영광이지요."

"결혼생활세미나 테이프를 듣고 소감문 쓰는 것 대신 나와 함께 두 사람이 결혼성경공부를 하자고."

"네, 목사님."

부담스러워하지 않고 좋아하니 내 마음도 좋았다.

"민수 형제, 그럼 우리 일주일에 한 번씩 만나도록 하지. 다음 주 화요일 어때? 자매에게 전화해 봐."

"화요일, 괜찮을 것 같습니다."

"아니야. 먼저 자매에게 전화해 보라고. 여기서 전화하는 게 불편하면 잠시 나가서 해도 돼."

민수는 휴대폰을 들고 밖으로 나갔다.

그 사이 나는 일정표를 꺼내 화요일 일정을 살펴보았다. 다행히도 앞으로 몇 주간은 화요일 저녁 일정이 비어 있었다. 민수가 금세 문을 열고 들어왔다.

"네, 목사님. 화요일 괜찮답니다."

"회사에서 만난 사이라 연애도 업무적으로 하는 것 아닌가? 이렇게 빨리 통화를 끝내다니…. (웃음)"

그렇게 매주 화요일 저녁 두 사람을 만나기로 약속을 정했다.

"혹시 준비물 같은 것은 없나요?"

"그냥 편안한 마음으로, 성경과 작은 노트 하나 갖고 오면 될 것 같네."

study 1

결혼을 만드신 '하나님' 배우기
_ 결혼, 미리 맛보는 천국

여호와 하나님이 아담을 깊이 잠들게 하시니 잠들매 그가 그 갈빗대 하나를 취하고 살로 대신 채우시고 여호와 하나님이 아담에게서 취하신 그 갈빗대로 여자를 만드시고 그를 아담에게로 이끌어 오시니 아담이 가로되 이는 내 뼈 중의 뼈요 살 중의 살이라 이것을 남자에게서 취하였은즉 여자라 칭하리라 하니라(창 2:21-23).

Marriage Guidebook

처음 뵙겠습니다

약속한 화요일 저녁, 민수가 약속 시간보다 5분 일찍 내 방으로 왔다. 민수 뒤를 따라 해맑은 얼굴의 자매가 함께 들어왔다.

"목사님, 저와 결혼할 자매입니다."

"안녕하세요, 목사님! 조수현입니다. 초대해 주셔서 감사합니다. 인터넷으로 뵐 때보다 더 인자해 보이시네요."

내 흰머리를 보고 할아버지 같다고 하지 않고 인자해 보인다고 해 주니 고마웠다.

한번은 어느 교회에서 청년들에게 말씀을 전해 달라고 해서 간 적이 있었다. 청년부 강사로 불렀는데 내 나이가 너무 많아 보였나 보다. 나를 초청한 전도사님이 조심스럽게 내게 말했다.

"아직 육십은 안 되셨지요?"

당황을 뒤집으면 황당이다. 말없이 물끄러미 전도사님을 바라봤다.

"아, 오십대 초반이시군요."

반색을 하면서 되물었다. 그때 나는 삼십대 후반이었다.

간단한 저녁 식사대용으로 빵을 준비했는데 민수도 케이크를 하나 들고 왔다.

"결혼식 날은 잡았나?"

"네, 부모님들이 조만간 확정해 주실 것 같습니다."

"주례는 선착순이야. (웃음)"

마음도 열기 전에 교육을 시작하면 그것은 잔소리가 되기 십상이다. 민수와는 오랜 만남을 가졌지만 자매와는 처음이라 서로 마음 문을 여는 시간을 가졌다. 회사 이야기, 서로 만난 이야기, 출석하는 교회 이야기를 나누다 보니 자매의 마음이 많이 열렸다. 민수와 교제를 하면서 인터넷을 통해 내 설교도 들은 적이 있어서 그런지 생각보다 마음 문이 쉽게 열렸다.

"주례받기 위해 억지로 이 공부를 하기로 한 것은 아니지요?"

두 사람은 손사래를 치면서 감사하다며 나를 안심시켰다.

"그럼 우리 잠시 전화기는 꺼 놓을까요?"

나도 내 휴대폰을 끄며 분위기를 정돈했다.

"오늘부터 몇 주가 될지 모르지만 함께 성경을 통해 결혼을 공부할 겁니다. 결혼공부를 하는 과정에 다음과 같은 세 가지 질문을 하고 그 답을 성경에서 함께 찾을 겁니다.

1) '왜 결혼하려고 합니까?'를 통해 결혼의 목적을,

2) '결혼이 무엇입니까?'를 통해 결혼의 정의를,

3) '결혼 생활은 어떻게 하는 것입니까?'를 통해 결혼의 실제를 성경을 통해 공부할 겁니다."

결혼은 하나님이 만드셨다

"두 사람, 사람을 하나님께서 창조하신 것을 믿지요?

네, 그래요. 하나님께서 이 세상을 창조하시고 사람을 창조하셨습니다. 성경을 통해 결혼공부를 하기 위해서는 이것을 믿는 믿음이 있어야 합니다. 다행히 두 사람은 이것에 대한 분명한 믿음이 있으니 결혼공부를 바로 시작해도 되겠네요.

하나님께서 사람을 창조하신 과정을 알지요? 먼저 남자를 창조하시고 그리고 이어 여자를 창조하셨습니다. 하나님께서 세상을 창조하신 후에 다 보기에 좋았다고 스스로 평가하셨습니다.

그러나 한 가지, 남자 혼자 있는 것은 좋지 못하다고 하셨습니다. 그러면서 내가 그를 위하여 돕는 배필을 지으리라 하셨습니다. 하나님은 아담을 깊이 잠들게 하신 후에 그 갈비뼈로 여자를 만드시고 그를 아담에게로 이끌어 오셨습니다. 아담은 '이는 내 뼈 중의 뼈요 살 중의 살'이라고 하면서 기뻐했습니다.

아담과 하와의 결혼은 인류 최초의 결혼입니다. 이 결혼은 하나님의 주도하에 이루어졌습니다. 결혼은 아담과 하와의 아이디어가 아니라 하나님의 작품입니다. 신약에서도 결혼에 대해 언급할 때 '하나님이 짝지어 주신 것'이라고 표현하는 것은 바로 이 때문입니다.

우리는 하나님께서 세상을 창조하신 것을 믿고 고백하듯이 하나님께서 결혼을 만드신 것을 믿고 고백하며 이 공부를 시작해야 합니다. 결혼을 사람이 만든 것으로 생각하는 사람과 결혼을 하나님께서 만드신 것이라고 생각하는 사람은 결혼의 출발부터가 다릅니다.

두 사람, 결혼을 하나님께서 만드신 것을 믿지요?"

"아멘."

하나님은 결혼설명서도 만드셨다

"하나님은 결혼만 만들어 주신 것이 아닙니다. 결혼과 함께 만들어 주신 것이 있습니다. 그것이 결혼설명서입니다.

제품을 만드는 회사에서 제품만 만들지 않고 반드시 제품설명서를 함께 만드는 것도 다 하나님께 배운 것이지요. 제품설명서는 일반적으로 제품을 담은 박스 안에 들어 있습니다. 결혼설명서는 어디 들어 있을까요? 결혼설명서는 성경 안에 있어요.

결혼설명서가 우리 보기에 쉽게 '연애1장, 약혼1장, 결혼2장'과 같은 식으로 모아져 있지는 않아요. 결혼설명서가 성경 여기저기 흩어져 있어서 익숙하지 않은 분은 찾기가 쉽지 않아요. 우리는 이제 성경 여기저기에 흩어져 있는 결혼설명서들을 찾아 공부해 나갈 거예요."

차를 한 모금 마셨다.

"두 사람은 물건을 사면 제품설명서를 어떻게 해요?"
"저는 제품설명서는 관심 있게 본 적이 없는 것 같은데요."
민수의 말을 수현 자매가 이었다.
"저는 제품설명서를 꼼꼼하게 읽는 편이에요."
"앞으로 결혼해서 물건을 사면 수현 자매가 박스를 개봉해야 하겠네요. (웃음)"
"민수, 제품설명서는 꼼꼼히 읽어야 돼. 그래야 제품을 잘 쓰고 오래 쓸 수 있어."

민수가 약간 머쓱해 했다.

"안타깝게도 결혼설명서를 읽지 않고 결혼하는 사람들이 있어요. 제품설명서를 읽지 않고 물건을 사용하면 그 제품을 효율적으로 사용하지 못해요. 효율적으로 사용하지 못할 뿐 아니라 제품이 쉽게 고장 날 수 있어요.

제품설명서를 읽지 않고 물건을 사용하면 고장 나서 사용하지 못하는 정도의 손해를 입지만, 만약 설명서를 읽지 않은 채 약을 복용하거나 사용하면 치명적인 해를 당할 수 있어요.

결혼은 이보다 더 심각합니다. 결혼이 인생에 미치는 영향은 지대하잖아요. 결혼설명서를 읽지 않고 결혼하면 인생이 불행해질 수 있습니다. 안 겪어도 될 것들을 겪게 됩니다.

두 사람은 복 받은 사람들입니다. 결혼 전에 결혼설명서를 읽는 정도가 아니라 결혼설명서를 교재로 함께 공부까지 하니 말입니다."

두 사람이 동시에 목례를 하며 감사를 표했다.

하나님께서는 왜 결혼을 만드셨을까?

하나님께서는 왜 결혼을 만드셨을까?

짐승도 하나님께서 만드셨는데 짐승은 결혼하지 않는다.

사람들도 동물들처럼 짝짓기(mating)를 통해 종족을 번식시키고 자유분방하게 살도록 하실 수도 있는데 하나님께서 사람에게 결혼(marriage) 제도를 주신 뜻은 무엇일까? 한 사람이 죽으면 새로운 한 사람을 땅에서 솟아나게 하시거나 하늘에서 내려오도록 하실 수도 있는 하나님께서 왜 결혼을 통해 새 생명이 태어나도록 하셨을까? 사람들도 짐승들과 같이 태어나자마자 제 발로 걷도록 하실 수도 있을 텐데 왜 하나님께서는 부모의 보살핌이 없이는 생명을 유지할 수 없도록 만드셨을까?

1. 결혼 : 하나님을 비추는 거울

"수현 자매, 결혼을 왜 하려고 하지요?"

"민수 씨가 좋아서요. (웃음)"

"민수는?"

"사랑하기 때문입니다."

"두 사람 사랑이 아름답네요. 자, 이제 우리 성경을 통해 결혼을 왜 하는지, 결혼의 목적을 공부합시다."

결혼은 사람이 한다. 그렇다면 결혼을 하는 사람을 하나님이 왜 만드셨는지 알면 결혼의 목적 하나는 자동적으로 알게 된다.

"하나님께서는 사람을 창조하신 목적을 성경에 분명히 기록해 놓으셨습니다. 민수, 이사야 43장 7절과 21절 말씀을 읽어 줄까?"

> 내가 내 영광을 위하여 창조한 자를 오게 하라
> 그들을 내가 지었고 만들었느니라(사 43:7).
> 이 백성은 내가 나를 위하여 지었나니
> 나의 찬송을 부르게 하려 함이니라(사 43:21).

이 말씀에 하나님이 사람을 창조하신 목적이 선명하게 드러나 있다. 하나님의 영광을 위하여, 하나님의 찬송을 부르게 하려고 하나님은 사람을 창조하셨다. 이것은 사람이 결혼을 하는 목적이기도 하다.

"두 사람이 결혼하는 목적이 하나님의 영광을 위해서지요?"

"네, 목사님. 저희들의 결혼을 통해 하나님의 영광이 드러나도록 하겠습니다."

"그럼 내가 하나님께 영광을 돌리는 것이 어떤 것인지 좀 설명을 해 줄게요.

이것도 많이 들어서 알 것 같지만 막상 설명을 하라고 하면 쉽지 않은 것 중에 하나입니다.

하나님을 영화롭게 한다는 것이 하나님을 영화롭게 만든다는 뜻은 아닙니다. 하나님은 이미 영화로우십니다.

하나님을 영화롭게 한다는 것은 하나님의 영광을 반사한다는 의미로 이해하면 쉬울 것 같습니다. 하나님께서 창조하신 아름다운 세계는 하나의 거울과 같습니다. 하나님을 비추는 거울 말입니다.

피조물이 하나님을 비추고 있으면 그 피조물은 자신을 창조해 주신 하나님의 뜻을 이루고 있는 겁니다. 하나님이 지으신 사람도 하나님을 비추는 거울입니다.

주변 사람을 보세요. 어떤 사람을 보면 하나님이 느껴집니다. 아, 하나님의 사랑이 이렇겠구나. 하나님의 오래 참으심은 이런 것이구나. 하나님의 마음이 이렇겠구나.

그러나 모든 사람이 다 하나님을 비추는 것은 아닙니다. 어떤 사람은 하나님 대신 사단을 비추는 경우도 있습니다. 사단이 얼마나 악한지, 못됐는지, 더러운지를 온 몸으로 보여 주는 거울도 있습니다.

사람을 지으시고, 결혼을 지으신 하나님의 뜻은 하나님을 비추는 거울이 되는 겁니다. 하나님을 비추는 거울로 사는 것, 이것이 하나님께 영광을 돌리는 삶이고 하나님을 영화롭게 하는 삶입니다.

두 사람의 결혼은 하나님을 비추는 거울이 되어야 합니다. 남편과 아내가 서로를 통해 하나님을 보고, 하나님을 느낄 수 있어야 합니다. 또한 주위에 있는 사람들이 두 사람의 가정을 통해 하나님을 볼 수 있고, 하나님을 느낄 수 있어야 합니다.

하나님은 영이시기 때문에 사람들이 볼 수 없습니다. 그런데 두 사람의 가정을 통해서 사람들이 하나님을 봅니다. 하나님을 느낍니다. 그렇다면 두 사람이 결혼을 통해 하나님께 영광을 돌리고 있는 겁니다.

두 사람이 결혼을 통해 하나님을 비추는 거울이 되는 것은 의외로 간단합니다. 성경말씀대로 결혼하는 겁니다. 그러면 두 사람을 통해 사람들이 하나님을 봅니다.

우리가 하나님의 말씀에 순종하면 하나님을 비추는 거울이 됩니다. 예수님께서도 하나님께 순종함으로 하나님을 영화롭게 하셨습니다."

결혼공부를 하는 목적도 바로 이것을 위함이다. 성경대로 결혼하기 위해서는 성경이 어떻게 결혼하라고 하는지를 알아야 한다.

2. 결혼 : 예수를 경험하는 통로

"민수, 그리고 수현 자매. 이제 두 사람이 결혼을 하면 새로운 가정을 이루게 됩니다.

하나님께서 가정을 만들어 주신 목적이 있어요. 그것은 가정을 통해 예수님을 알고 하나님을 경험하게 해 주시기 위함입니다.

에베소서 5장 22절로 33절 말씀을 읽어 볼까요?

> 아내들이여 자기 남편에게 복종하기를 주께 하듯 하라
>
> 이는 남편이 아내의 머리 됨이 그리스도께서 교회의 머리 됨과 같음이니 그가 친히 몸의 구주시니라
>
> 그러나 교회가 그리스도에게 하듯 아내들도 범사에 그 남편에게 복종할지니라
>
> 남편들아 아내 사랑하기를 그리스도께서 교회를 사랑하시고 위하여 자신을 주심같이 하라
>
> 이는 곧 물로 씻어 말씀으로 깨끗하게 하사 거룩하게 하시고 자기 앞에 영광스러운 교회로 세우사 티나 주름 잡힌 것이나 이런 것들이 없이 거룩하고 흠이 없게 하려 하심이니라
>
> 이와 같이 남편들도 자기 아내 사랑하기를 제 몸같이 할지니 자기 아내를 사랑하는 자는 자기를 사랑하는 것이라
>
> 누구든지 언제든지 제 육체를 미워하지 않고 오직 양육하여 보호하기를 그리스도께서 교회를 보양함과 같이 하나니 우리는 그 몸의 지체임이니라

이러므로 사람이 부모를 떠나 그 아내와 합하여 그 둘이 한 육체가 될지니 이 비밀이 크도다
내가 그리스도와 교회에 대하여 말하노라
그러나 너희도 각각 자기의 아내 사랑하기를 자기같이 하고 아내도 그 남편을 경외하라

이 말씀을 얼핏 보면 예수님과 교회와의 관계를 통해 남편과 아내가 어떻게 해야 하는지를 교훈하는 것 같습니다. 네, 물론 그런 면도 있습니다.
그런데 32절과 33절 말씀을 보면 성경이 이 말씀을 통해 무엇을 말하려고 하는지를 알 수 있습니다.

이 비밀이 크도다 내가 그리스도와 교회에 대하여 말하노라
그러나 너희도 각각 자기의 아내 사랑하기를 자기같이 하고 아내도 그 남편을 경외하라

성경은 이것이 그리스도와 교회에 대해 말하고 있는 것이라고 명확하게 말해 줍니다.
남편과 아내의 결혼을 통해 하나님은 그리스도와 교회 된 우리와의 관계를 가르쳐 주시기를 원하십니다."

하나님에 대해, 예수님에 대해 아무리 설명을 해 주어도 우리는 다 이해

할 수 없다. 이 세상의 그 어떤 사람도 하나님을 다 이해할 수 없다.

하나님께서는 우리를 향하신 그 하나님의 사랑과 예수님의 사랑을 우리에게 시청각 교육을 통해 경험하도록 해 주셨다. 그것이 결혼이다. 가정이다.

3. 결혼 : 천국을 경험하는 통로

하나님은 남편의 사랑을 통해 우리를 향한 예수님의 사랑을 경험하기 원하신다. 아내의 순종을 통해 예수님을 기쁘게 하는 삶이 순종임을 우리는 경험하게 된다.

우리가 결혼해서 자녀를 낳게 되면 그 자녀로 인해 하나님 아버지의 마음을 경험하게 된다. 아들을 향한 아버지의 그 특별한 마음을 통해 우리에게 향하신 하나님의 마음을 경험하게 된다. 이 경험들이 바로 천국 경험이다.

하나님께서 결혼을 만드신 목적 중 하나는 바로 이것이다. 결혼을 통해 하나님을 경험하고, 예수님을 경험하게 하기 위함이다.

하나님을 경험하고 예수님을 경험하는 것은 곧 천국을 경험하는 것이다. 이것은 결혼 제도가 이 땅에서만 한시적으로 있는 제도라는 것을 생각하면 더욱 그렇다.

예수님께서는 "사람이 죽은 자 가운데서 살아날 때에는 장가도 아니 가고 시집도 아니 가고 하늘에 있는 천사들과 같으니라(막 12:25)"고 하셨다.

원형이 있는 곳에 더 이상 모형의 존재는 의미가 없기 때문이다.

천국은 하나님께서 계신 곳, 예수님께서 계신 곳이다.

참 좋은 곳, 아름다운 곳이다. 다툼과 분쟁이 없는 곳, 눈물과 한숨이 없는 곳, 참된 평화가 있는 곳, 진정한 자유가 있는 곳이다.

예수를 믿는 우리는 이 세상을 떠나게 되면 그 좋은 천국에 간다.

하나님께서 예수님을 통해 우리에게 값없이 주신 은혜이다.

천국은 어떤 곳일까? 그렇다면, 천국을 이 세상에서도 경험할 수 있을까?

하나님께서는 그의 사랑하는 자녀들이 이 땅에서 천국을 미리 경험하기 원하신다. 하나님의 사랑을, 예수님의 사랑을 경험하기 원하신다.

그래서 하나님께서는 이 땅에서 천국을 경험할 수 있는 곳을 만들어 주셨다. 그중에 하나가 가정이다. 하나님은 우리가 가정을 통해 천국을 경험하기 원하신다.

"민수, 결혼한 후에 수현 자매가 '내가 결혼 전에는 예수님의 사랑을 지식적으로 알았는데 결혼 후에 남편의 사랑을 통해 예수님의 사랑을 온몸으로 경험했습니다'라고 고백한다면 결혼을 만드신 하나님의 목적을 민수가 이루어 드린 거야.

수현 자매, 결혼한 후에 민수가 '내가 예수님에게 순종할 때 예수님의 마음이 어떠한지를 확실히 알게 되었어요. 예수님을 기쁘게 하는 게 바로 순종임을 아내의 순종을 통해 경험했습니다'라고 고백한다면 결혼을 만드신 하나님의 뜻을 수현 자매가 이루어 드린 겁니다.

　두 사람이 결혼한 후에 낳은 자녀가 '나는 우리 부모님을 통해 나를 향한 하나님의 사랑이 어떤 것인지 알게 되었다' 라고 고백한다면 결혼을 만드신 하나님의 뜻을 두 사람이 이루어 드린 겁니다."

　"네, 목사님. 저희들 결혼을 통해 예수님을 경험하고 천국을 경험하겠습니다."

4. 결혼 : 생육, 번성, 충만의 통로

　"두 사람, 결혼하고 자녀 낳을 거지요?"
　"네."
　두 사람이 동시에 대답했다. 수현 자매는 수줍은 듯 두 손으로 입을 가렸다.
　"몇 명 낳을래요?"
　"하나님께서 주시는 대로요. (웃음)"
　"그래요. 경건한 자손을 많이 낳기를 축복합니다."
　"감사합니다."

　하나님께서 사람을 창조하시고 그들에게 "생육하고 번성하여 땅에 충만하라(창 9:1)"고 하셨다. 하나님은 우리가 결혼을 통해 자녀를 낳기 원하신다. 그 뜻은 말라기에서도 찾아 볼 수 있다.

> 여호와는 영이 유여하실지라도 오직 하나를 짓지 아니하셨느냐 어찌하여 하나만 지으셨느냐 이는 경건한 자손을 얻고자 하심이니라 (말 2:15).

결혼의 목적 중 하나가 자녀 출산과 양육이란 사실은 많은 설명이 필요치 않다. 기독교 역사 속에서도 결혼의 목적에 대한 여러 이야기들이 있었다. 오랜 기간에 걸쳐 다양한 이야기들이 있었지만 결혼의 목적에서 자녀 출산을 제외시킨 경우는 거의 없다.

자녀 출산을 너무 강조한 나머지 자녀 출산을 전제로 하지 않은 부부관계를 마치 죄인 것처럼 여기기까지 했던 때도 있었다. 이것은 너무 극단적인 경우다.

20세기 후반에 들어 결혼한 후에도 자녀를 출산하지 않는 소위 '딩크족 DINK(Double Income, No Kids)'이 미국을 비롯한 서구에서 잠시 주목을 끌었던 때가 있다. 말 그대로 아이를 낳지 않고 인생을 즐기자는 사람들이다. 결혼을 하고 자녀를 낳을 수 있음에도 자녀를 낳지 않는 것은 결혼을 만드신 하나님의 뜻을 거스르는 것이다.

"사람이 이 세상에 와서 살다가 죽었습니다. 그 사람이 이 세상에 와서 한 일이 참 많을 겁니다. 그중에 가장 중요한 것 한 가지를 적으라고 한다면 두 사람은 무엇을 적을래요?

처음으로 창세기 강해를 할 때 일입니다. 창세기를 1장부터 차례대로 강해해 나가다 난감한 장을 만났습니다. 창세기 5장에 이르니 설교를 하긴 해야 하겠는데 뭘 해야 할지 모르겠는 겁니다. 그 이유는 아마 창세기 5장을 같이 읽어 보면 알 겁니다.

몇 절만 읽어 볼까요?

> 아담이 일백삼십 세에 자기 모양 곧 자기 형상과 같은 아들을 낳아 이름을 셋이라 하였고
> 아담이 셋을 낳은 후 팔백 년을 지내며 자녀를 낳았으며 그가 구백삼십 세를 향수하고 죽었더라
> 셋은 일백오 세에 에노스를 낳았고 에노스를 낳은 후 팔백칠 년을 지내며 자녀를 낳았으며 그가 구백십이 세를 향수하고 죽었더라(창 5:3-8).

한 장 전체가 이런 식입니다. 각 절의 형식도 비슷합니다. '몇 세에 누구를 낳고 몇 세를 지내며 자녀를 낳았으며 몇 세를 향수하고 죽었더라.'

난감해서 본문을 읽고 또 읽으며 이것을 기록해 주신 하나님의 뜻을 찾았습니다. 그때 섬광처럼 가슴으로 온 깨달음이 있습니다. '아, 사람이 이 세상을 살면서 수많은 일을 하지만 그중에 하나님이 보실 때 가장 중요한 일은 자녀를 낳고 그 자녀를 양육하는 것이구나.'

이것이 깨달아지니 빨리 가서 설교하고 싶어졌습니다.

설교를 하기 위해 본문을 읽고 났더니 성도들이 오히려 걱정을 하는 것

같았습니다. '오늘 우리 목사님 이 본문을 갖고 어떻게 한 시간을 설교할까?'

창세기 5장을 강해하던 날 큰소리로 외쳤습니다.

'우리가 이 세상에 와서 할 수 있는 가장 소중한 일, 가장 위대한 일은 자녀를 낳고 그 자녀를 믿음으로 양육하는 것입니다.'

일이 중요하다고 결혼을 미루는 사람들이 있습니다. 일이 중요하다고 자녀 출산을 미루는 사람들이 있습니다. 무엇이 더 중요한 일인지 성경을 통해 우리는 깨달아야 합니다. 자녀를 낳고 그 자녀를 양육하는 것은 우리 인생에 가장 소중한 일입니다."

"아멘."

"한 편의 설교를 들었지요? 조용하게 이야기하다가도 성경말씀을 통해 깨달은 것만 나오면 어느새 톤이 바뀌지요?

인위적으로 대화체를 계속 유지하려고 시도하는데 잘 안 되네요."

"목사님, 편하게 하세요. 저희는 목사님과 이야기 나누는 것도 좋고요. 중간 중간 설교를 듣는 것도 좋아요. 더군다나 늘 여러 사람들 속에서 듣던 설교를 저희 둘에서 들으니 더 좋아요."

"그럼 앞으로도 편안하게 할 테니 그렇게 이해를 해 줘요."

그렇게 생각해 주는 두 사람이 고마웠다.

"민수, 시편 127편 3절에서 5절까지 말씀을 읽어 줄까?"

자식은 여호와의 주신 기업이요 태의 열매는 그의 상급이로다

젊은 자의 자식은 장사의 수중의 화살 같으니

이것이 그 전통에 가득한 자는 복되도다

저희가 성문에서 그 원수와 말할 때에 수치를 당치 아니하리로다

"성경은 자식을 여호와의 주신 기업, 여호와의 상급이라고 합니다. 자녀가 많은 자는 복된 자라고 성경은 정리해 줍니다.

그러나 모든 사람들이 자녀를 다 이렇게 생각하는 것은 아닙니다. 자녀를 짐으로 여기는 사람도 있습니다. 부담스러워하는 사람도 있습니다.

우리나라도 한때 산아제한운동을 펼쳤지요? 그때도 성경은 자녀가 많은 것이 복 있는 자라고 했습니다. 하나님께서 말씀하시는 것과 세상이 말하는 것이 다를 때는 우리는 성경을 따라야 합니다. 그것이 믿음의 길입니다. 행복의 길입니다."

"아멘."

아무래도 오늘 공부는 축도로 마쳐야 할 것 같은 분위기다. 첫 수업은 여기서 마쳐야 할 것 같다. 결혼의 목적 중 하나는 다음 주에 다루는 게 좋겠다. 소망하기는 이 결혼공부를 통해 하나님께서 결혼을 만드신 목적이 곧 두 사람이 결혼하는 목적이 되었으면 좋겠다.

"첫 수업 어땠어요? 어렵지는 않았나요?"

"목사님, 좋았어요. 다음 주도 기대돼요."

"그래요. 고마워요. 다음 주에 봐요."

"목사님, 사랑해요."

민수가 나를 안았다.

"사랑해."

study 2

결혼을 하는 '사람' 배우기
_ 결혼, 사람과 사람이 한다

이러므로 남자가 부모를 떠나 그 아내와 연합하여
둘이 한 몸을 이룰지로다(창 2:24).

Marriage Guidebook

비전하우스에 있는 내 방에는 소파가 하나 있고, 그 앞에 탁자가 있고, 벽쪽으로는 책상이 있다. 책상 앞에는 세계 지도가 붙어 있다. 책상 오른쪽에는 작은 지구본이 있다. 그 지구본 위에는 한국기독교연합봉사단 모자가 씌워져있다. 재난이 발생해 현장으로 출동할 때 쓰고 가는 모자다.

나는 책상에 딸린 사무용 의자에 앉고, 민수와 수현 자매는 소파에 앉아서 공부한다. 책상을 등지고 내가 앉으면 두 사람과 마주 볼 수 있다. 오늘도 나는 책상 앞에 앉아 교회 홈페이지를 통해 사랑하는 성도들과 교제하면서 민수와 수현 자매를 기다렸다.

대체 결혼이란 뭘까?

"민수, 그리고 수현 자매.
결혼이 뭐예요?"
너무 상식적인 질문을 하면 때로 사람들은 당황한다.
민수와 수현 자매도 마찬가지였다.

두 사람은 서로 마주 보며 어색한 웃음을 교환했다.

민수는 이미 교회에서 여러 차례 결혼에 대한 설교를 들었기 때문에 알고 있을 것이다.

그런데도 자매를 생각해서 같이 보조를 맞추는 것 같았다.

"지금부터 가장 기본적인 이 질문에 대한 답을 성경에서 함께 찾아가도록 해요."

일반 사회학에서 말하는 결혼의 정의에 대해서는 생략하고 바로 성경으로 들어갔다.

"우리 함께 성경을 볼까요. 창세기 2장 18절부터 25절입니다.

> 여호와 하나님이 가라사대 사람의 독처하는 것이 좋지 못하니 내가 그를 위하여 돕는 배필을 지으리라 하시니라
> 여호와 하나님이 흙으로 각종 들짐승과 공중의 각종 새를 지으시고 아담이 어떻게 이름을 짓나 보시려고 그것들을 그에게로 이끌어 이르시니 아담이 각 생물을 일컫는 바가 곧 그 이름이라
> 아담이 모든 육축과 공중의 새와 들의 모든 짐승에게 이름을 주니라 아담이 돕는 배필이 없으므로 여호와 하나님이 아담을 깊이 잠들게 하시니 잠들매 그가 그 갈빗대 하나를 취하고 살로 대신 채우시고 여호와 하나님이 아담에게서 취하신 그 갈빗대로 여자를 만드시고 그를 아담에게로 이끌어 오시니 아담이 가

로되 이는 내 뼈 중의 뼈요 살 중의 살이라 이것을 남자에게서 취하였은즉 여자라 칭하리라 하니라

이러므로 남자가 부모를 떠나 그 아내와 연합하여 둘이 한 몸을 이룰지로다.

아담과 그 아내 두 사람이 벌거벗었으나 부끄러워 아니하니라

수현 자매도 잘 아는 말씀이지요?"

"네, 약간…."

"너무 겁먹지 말아요. 어려운 질문은 하지 않을 테니…. (웃음)

우리가 함께 읽는 말씀에 결혼에 대한 정의가 들어 있어요. 함께 찾아볼까요? 창세기 2장 24절입니다."

이러므로 남자가 부모를 떠나 그 아내와 연합하여 둘이 한 몸을 이룰지로다

이 짧은 말씀 안에 결혼에 대한 진리가 들어 있다. 이제 성경을 통해 그 진리를 찾아보려고 한다. 민수가 수첩을 꺼내 들었다.

"성경은 이 결혼의 정의를 네 곳에서 반복하고 있어요.

창세기 2장 24절, 마태복음 19장 5절, 마가복음 10장 7절, 8절, 에베소서 5장 31절에 기록되어 있어요.

한 번은 인간이 타락하기 이전에, 세 번은 인간이 타락한 이후에 주신 말씀이에요. 그 방식은 창세기 2장 24절을 직접, 혹은 간접으로 인용하고 있

어요. 이것을 통해 우리가 알 수 있는 사실은 이 결혼의 정의는 인간의 타락과 관계없이, 구약과 신약을 관통하는 하나님의 뜻이며 진리라는 겁니다.

성경에서 결혼의 정의가 쓰인 전후 문맥을 살펴보는 것도 필요해요. 같은 내용이지만 주어진 상황은 각기 달라요.

창세기에서는 하나님께서 남자의 독처하는 것이 좋지 못하여 아담의 갈비뼈로 하와를 만들어 아담에게 이끌어 주신 후에 하신 말씀입니다.

창세기 2장의 결혼의 정의를 누가 내렸는지에 대해서는 학자들 간에 견해를 달리하고 있어요. 하나님으로 보는 학자도 있고, 아담으로 보는 학자도 있고, 성경의 기록자 모세로 보는 견해도 있어요. 그러나 분명한 것은 누구를 통하여 주어졌든 성경의 원저자는 하나님이심이 분명하므로 하나님께서 내리신 정의라 할 수 있어요.

창세기 2장 24절은 신혼부부를 위해 주신 말씀이라고 할 수 있습니다.

마태복음 19장 5절과 마가복음 10장 7절에서 8절에서는 바리새인들이 예수님을 시험하기 위해 이혼문제를 질문했을 때, 예수님께서 하나님의 '본래'의 창조 의도를 말씀하시며 이 말씀을 하셨어요. 여기서는 이혼하려고 하는 사람들에게 이 말씀을 하신 거예요.

에베소서에서는 결혼해 살고 있는 기혼부부들을 향해 이 말씀을 하신 거구요.

성경에서 결혼의 정의가 기록된 전후 문맥을 살펴보고 얻은 결론은 모든 부부들은 부모를 떠나 배우자와 합하여 한 몸을 이루어야 한다는 것입니다.

이것은 이제 막 결혼한 사람에게나, 이혼을 하려는 사람들에게나, 결혼 생활을 오랫동안 계속하고 있는 사람들에게도 다 함께 적용되는 진리입니다."

좀 딱딱한 것 같은 느낌이 들었다.
"혹 어렵게 느껴지면 좀 더 풀어서 설명할 수도 있는데, 어때요?"
"좋아요, 목사님. 공부하는 맛이 있는데요."

결혼은 남자와 여자가

"수현 자매, 성경이 내린 결혼의 정의에서 결혼하는 주체가 누구인지 찾아봐요."
약간은 당황하는 눈치다.
"누가 결혼하나요?"
"남자하고 여자…."
"네, 맞았어요. 결혼은 남자와 여자가 하는 겁니다. 하나님께서 디자인하신 결혼은 남자와 남자, 여자와 여자가 하는 것이 아니라, 남자와 여자가 하는 겁니다.
두 사람, 한 사람은 남자고 한 사람은 여자지요? (웃음)"

둘이 서로 마주 보고 먼저 웃고 나중에는 셋이 웃었다. 물어볼 필요도 없이 너무나 당연한 일이지만 유럽이나 미국에서 이 공부를 해야 한다면 아마 이 부분도 길게 다뤄야 하지 않을까 싶다. 앞으로도 결혼은 남자와 여자가 한다는 것을 강조해서 전하지 않아도 되는, 그런 날들이 이어지기를 소망한다.

결혼은 한 남자와 한 여자가

"수현 자매, 성경이 가르쳐 주는 결혼의 정의에 등장하는 남자와 여자가 단수인가요, 복수인가요?"

"단수입니다."

"너무나 쉬운 문제를 물었지요? 그런데 이 쉬운 문제도 틀리는 사람들이 있어요. 성경책을 펼치기만 해도 나와 있는 답을 놓치는 경우들이지요. 만약 지금이 조선시대나 고려시대라면 아마 우리는 이 부분에 상당한 시간을 써야 할 겁니다. 힘을 주어 결혼은 한 남자와 한 여자가 하는 것이라고 전해야 할 것입니다.

그러나 지금은 우리나라 같은 경우 법적으로 아내나 남편을 한 명으로 못 박고 있습니다. 일부일처제가 제도화되어 있습니다. 대한민국에서는 호적상 아내 둘을 둔 남자나 남편 셋을 둔 여자는 없습니다. 감사한 일입니다. 그러나 호적상만 아니라 실질적인 배우자도 한 명이어야 합니다.

간혹 성경에 나오는 족장들도 아내가 여러 명이었다는 이야기를 하면서,

배우자 외에 다른 사람과 부적절한 관계를 갖는 것을 정당화하려는 사람들이 있습니다. 성경에 등장하는 위대한 사람들이 한 일이라고 해서 그것이 모두 잘한 일은 아닙니다. 그들도 잘못을 합니다.

우리는 그들이 잘한 것은 본받아야 하겠지만 잘못까지 답습해서는 안 됩니다. 아내를 여러 명 둔 것은 그들의 대표적인 잘못 가운데 하나입니다. 그들이 아내를 여러 명 두고 얼마나 험악한 삶을 살았는지는 성경에 잘 나와 있습니다."

사람 생각에는 아내가 둘이면 기쁨도 배가될 것 같지만 그렇지 않다. 기쁨이 배가되는 것이 아니라 고통이 배가 된다. 사람은 하나님의 디자인을 따라 살 때, 하나님의 뜻을 따라 살 때가 가장 행복하다. 한 남자와 한 여자가 결혼할 때 가장 행복하다.

남자와 여자는 다르다

"결혼하는 남자와 여자는 다 하나님께서 지으신 사람입니다. 그러면서도 남자와 여자는 다릅니다. 남자와 여자 사이에 차별이 있어서는 안 됩니다. 그렇다고 남자와 여자의 다름을 부인해서도 안 됩니다.

남자와 여자는 같은 사람이지만 다릅니다. 남자들 속은 도무지 알다가도 모르겠다고 하소연 하듯이 여자들이 말합니다. 여자들 마음은 정말 모르겠다고 남자들은 말합니다. 오죽하면 어떤 분이 남자와 여자의 다름을 설명하면서 남자는 화성에서 왔고, 여자는 금성에서 왔다고 했을까요.

남자와 여자가 서로에 대해 잘 모르는 것은 어쩌면 당연한 일입니다. 서로 잘 모르다보니 남자는 여자도 남자 같은 줄 압니다. 여자는 남자도 여자 같은 줄 압니다. 그렇게 알고 그렇게 대했는데 영 다른 반응이 나타납니다. 그러면 무척 당혹스러워집니다.

사람마다 다르지만 일반적으로 여자는 정서적으로 마음이 상했을 때 그것을 추스르는 데 시간이 필요합니다. 그러나 남자는 일반적으로 금방 마음을 추스를 수 있습니다. 마음을 추스른 남편이 아내에게도 바로 마음을 추스르라고 요구합니다. 얼굴 펴라고 강요합니다.

아내의 마음을 상하게 해 놓고 바로 본인이 마음을 추슬렀다고 아내에게 부부관계를 요구하기도 합니다. 일반적으로 아내는 이런 경우 더욱 분개합니다. 남편은 화해의 표시로 아내를 위한다고 한 것이 도리어 아내에게는 모멸감으로 느껴질 수도 있습니다."

여자인 아내를 공부하라

"남자와 여자의 다름을 이해하지 못하면 이것이 다툼과 분쟁으로 이어지는 경우가 많습니다. 성경은 우리에게 이것을 어떻게 말씀하고 있는지 찾아봅시다.

민수가 베드로전서 3장 7절 말씀을 읽어 줘요."

남편 된 자들아 이와 같이 지식을 따라 너희 아내와 동거하고 저는 더 연약한 그릇이요 또 생명의 은혜를 유업으로 함께 받을 자로 알아 귀히 여기라 이는 너희 기도가 막히지 아니하게 하려 함이라

"이 말씀 중에 '지식을 따라 너희 아내와 동거하라'는 말씀을 주목하도록 해요. 이 말씀은 남편들을 향해 아내에 대해 공부해서 아내를 알고 살라는 겁니다. 남편들은 성경을 통해서 여자인 아내 공부를 해야 합니다.

이 본문에서도 우리는 아내인 여자에 대한 지식을 몇 가지 얻을 수 있습니다.

'여자는 더 연약한 그릇이다. 생명의 은혜를 함께 이어 받을 자다. 귀히 여겨야 할 존재이다. 아내를 귀히 여기지 않으면 기도가 막힌다.'

남편들은 성경뿐 아니라 일반 학문을 통해서도 자신의 아내인 여자에 대해 공부해야 합니다. 또한 아내를 관찰해서 아내에 대해 알아야 합니다. 아내가 언제 기뻐하는지, 어떤 것을 싫어하는지, 무엇을 하기 원하는지, 언제 신이 나는지, 어떤 것을 힘들어하는지를 공부해야 합니다.

이것은 남편에게만 해당되는 것은 아닙니다. 아내 역시 남자인 남편을 공부해야 합니다.

결혼해서 함께 살면서 시행착오를 통해 '아, 남자는 이렇구나, 여자는 이렇구나' 하고 하나하나 배워나갈 수도 있습니다.

그러나 이렇게 하기 위해서는 너무 많은 힘을 쏟아야 하고, 갈등의 시간들을 보내야 합니다. 좋은 방법은 서로가 서로에게 남자를 가르쳐 주고, 여자를 가르쳐 주는 겁니다. '나는 이렇다', '나는 이럴 때 이렇다' '이런 상황에는 마음이 힘들다' 고 서로에게 말해 주는 겁니다. 말을 안 해 주면 어쩌면 평생 모를지 모릅니다. 남자는 그렇지 않기 때문입니다. 여자는 그렇지 않기 때문입니다. 그걸 말해야 아느냐고 되묻는 아내들이 있습니다.

그렇습니다. 말을 해 줘야 압니다. 남자는 여자와 다르기 때문에 배우자의 도움 없이 스스로 그것을 깨닫기에는 너무 오랜 시간이 걸립니다.

수현 자매, 민수와 교제하면서 '어쩌면 내 마음을 이렇게 모를까?' 하면서 답답해 한 적 없나요?

'여자 마음을 몰라도 너무 몰라' 드라마에서 많이 나오는 대사지요.

말 안 해도 알게 될 날이 있을 거라고 생각하고 계속 마음 상한 채로 살지 말고 여자의 마음을 민수에게 알려 주도록 해요."

"네, 목사님...ᄶ"

남자인 남편을 공부하라

배우자에 대해 공부해야 한다. 여자인 아내가 남자인 남편을 공부하면 이해하는 영역이 넓어진다. 남자 혹은 여자 자체에 대한 공부도 필요하다. 그 공부와 병행해야 할 것이 남자 중에서도 내 남자에 대한 공부가 필요하다. 남자의 일반적인 특성이 있지만 모든 남자가 다 그런 것은 아니다. 내 남자는 내 남자의 특성이 있다. 내 여자는 내 여자의 특성이 있다. 그것도 공부해야 한다.

"민수, 수현 자매.

서로를 아는 방법 몇 가지를 소개해 줄게요. 이것은 정신과에서 쓰는 방법인데, 배우자의 개인 역사를 공부해요. 역사라는 말을 쓰니 거창해 보이는데 각자가 살아온 과정을 파악하는 겁니다. 언제 어디서 몇 남매의 몇 째로 태어난 것부터 시작해, 그의 성장과정의 일들을 공부하는 겁니다.

한국역사는 책을 통해 공부할 수 있지만 개인의 역사는 책으로 기록되어 있지 않습니다. 서로에게 묻고 대답하며 공부하는 겁니다. 나이별로 그때 있었던 일들을 파악하는 것도 필요합니다. 이런 질문을 통해 서로를 알 수 있습니다.

'어린 시절에 가장 힘들었던 일 세 가지는 무엇인가?'

'지금까지 살면서 가장 슬펐던 때, 가장 기뻤던 때는 언제인가?'

조금 더 알고 싶으면 추가 질문을 할 수도 있어요.

'왜 그것이 그렇게 슬펐는가?'

두 번째는 가족 역사를 공부하도록 해요. 친가와 외가의 가계도를 그려 가면서 공부하면 좋아요. 가족사를 공부하면 상대를 이해하는 데 큰 도움이 됩니다. 어떤 일에 그렇게 반응하는 상대를 이해하게 됩니다.

개인 인생사와 가족사는 상대와 대화를 통해 공부할 수 있습니다. 또 가족들이나 주변 사람들의 도움을 받을 수도 있습니다. 배우자가 어떠한 경우에 가장 힘들어하는지, 또 무엇을 좋아하는지를 주변 사람을 통해서 공부할 수도 있습니다.

그러나 이때 주의할 것이 있습니다. 마치 뒷조사 하는 것 같은 인상을 주지 않도록 해야 합니다. 배우자의 이성 관계에 대해서는 묻지 말고 알려고 하지도 말아요.

왜 그래야 하는지는 뒤에서 살펴봅시다.

이것 말고도 집마다 감추고 싶은 역사들이 있을 수 있습니다. 말하고 싶지 않은 일들 말입니다.

상대가 말하려고 하지 않으면 채근하거나 강요하지 말아요. 형사가 수사하듯이, 기자가 취재하듯이 하지 말아요.

이런 경우 그냥 지나가도록 해요. 세월이 흘러 때가 되면 알게 될 날이 있을 겁니다.

많은 경우 결혼 후 함께 살면서 보충수업을 받아야 개인과 가정의 역사를 어느 정도 알게 됩니다.

민수, 수현 자매.

한 달 정도 시간을 줄 테니 서로의 개인과 가족 역사를 공부한 후에 리포트를 작성하도록 해요. 두 사람만 알아야 하는 부분도 있을 수 있으니 내게 제출하지는 않아도 돼요. 다만, 숙제를 했다는 것을 내게 확인만 시켜 줘요."

"감사합니다, 목사님."

만든 재료가 다르다

"두 사람, 앞으로 성경을 통해서, 또 일반 서적을 통해서 남자와 여자에 대해 계속 공부하기를 바랍니다.

남자와 여자의 다름에 대해 한 가지만 여기서 공부하고 지나갈까요?

하나님께서 남자와 여자를 만드셨는데 재료가 다릅니다. 남자는 흙으로 만드셨고, 여자는 남자의 갈비뼈로 만드셨습니다.

뼈 중에 제일 약한 뼈가 갈비뼈 아닐까 싶습니다. 그래서 팔이 있는 겁니다. 팔의 기능 중 하나는 갈비뼈를 보호하는 겁니다.

우리는 무엇이 우리 몸을 향해 날아올 때 본능적으로 팔로 갈비뼈를 감쌉니다. 갈비뼈는 보호가 필요합니다.

아내는 보호가 필요한 존재입니다. 감싸 줄 때 안정감을 느끼는 게 아내입니다. 남자는 자신이 아내를 보호해 줄 때 행복합니다.

갈비뼈는 연약하지만 그 뼈가 제자리에 있어야 그 안에 있는 심장을 비롯한 장기들이 보호받습니다. 만약 갈비뼈가 그 자리가 답답하다고 머리로 가고, 손으로 가고, 이마 위에 가서 붙어 '내가 갈비뼈요' 하게 되면 어떻게 될까요? 갈비뼈가 비운 그 빈자리로 인해 심장을 비롯한 여러 장기들이 작은 충격에도 치명상을 입게 됩니다.

또한 갈비뼈는 그 자리에 있을 때 아름답지 이마 위에 가져다 붙여 놓으면 흉합니다. 갈비뼈가 제 자리에서 제 역할을 다하고 있기 때문에 우리 몸은 균형을 유지하고 심장을 비롯한 중요한 장기들은 보호받고 있는 겁니다.

민수, 살 속에 자신의 모습을 감춘 채로 그 자리에서 묵묵히 자기 일을 하고 있는 갈비뼈의 존재와 수고와 노력을 늘 기억하고 감사해야 해.

갈비뼈가 제 역할을 하기 때문에 얼굴이 웃을 수 있는 거야."

"네, 목사님. 갈비뼈를 소중히 여기며 늘 그 은혜를 기억하며 살겠습니다. (웃음)"

결혼은 사람만의 특권

결혼을 하는 남자와 여자는 사람이다. 신약성경은 이 결혼하는 사람을 헬라어로 '안트로포스'라고 한다. 이 단어가 사용될 때는 동물(마 12:12), 천사(고전 4:9), 그리스도(갈 1:12), 하나님(막 11:30)과 구별된 사람을 가리킨다.

결혼은 이 사람만 한다. 짐승은 짝짓기를 할 뿐 결혼을 하지 않는다. 하늘의 천사들도 결혼하지 않는다. 물론 하나님도 결혼하지 않으신다. 결혼하는 이 사람은 연약함과 부족함이 있고 죄악의 지배로부터 자유롭지 못하다. 사람은 하나님의 형상대로 지음을 받은 존재인 동시에 연약하고 부족하고 불완전한 존재이다. 의인은 없나니 하나도 없다는 성경말씀이 사람을 잘 표현해 주고 있다. 전도서 7장 20절은 이렇게 말한다.

선을 행하고 죄를 범치 아니하는 의인은 세상에 아주 없느니라

이 사람이 결혼을 하는 것이다.

"민수와 수현 자매도 사람 맞지요?"

둘 다 웃었다.

"안타깝게도 사람 중에는 천사와 결혼하려고 하는 사람들이 있어요. 천사는 결혼하지 않는데 말입니다.

이 사람을 만나 보니 다 좋은데 이게 마음에 안 듭니다. 저 사람을 만나 보니 다 좋은데 저게 마음에 안 듭니다. 그러면서 또 다른 사람을 찾아 나섭니다.

미안하지만 이 세상 어디를 가도 모든 것을 다 갖춘 완벽한 사람은 찾을 수 없습니다. 혹 천사 중에는 있는지 몰라도 사람 중에는 없습니다.

그러다 보니 어떤 사람은 사람을 천사로 만들어 결혼합니다."

"목사님, 사람을 어떻게 천사로 만들어요?"

민수가 물었다.

"사람에다 기대치 알파를 더하면 사람이 천사가 되는 거야. 교제를 하면서 알게 된 상대의 연약함과 부족함을 있는 그대로 그 사람이라고 받아들이기보다 거기다 기대치를 더하는 거지. 결혼하면 이렇게 바뀌겠지, 나이 들면 변하겠지, 내가 하지 말라고 하면 안 하겠지….

부족함과 허물이 있는 사람에다 기대치 알파를 더하면 그는 사람이 아니라 천사가 되는 거야. 그렇게 하고 결혼하면 그는 사람과 결혼하는 게 아니라 천사와 결혼하는 거야.

그러나 결혼해서 살아 보면 그가 천사가 아니라 사람이란 것을 금방 알게 돼. 그때 가서 내가 속았다고 하는 경우도 있는데 물론 속은 경우도 있겠지만 스스로 그를 사람으로 보고 그 사람과 결혼하기보다는 그의 약함과 부족함에 기대치 알파를 더해 천사를 만들어 결혼한 결과이기도 하지.

민수는 사람 수현 자매와 결혼하려고 하는 것 맞지?"

생각하지 못했던 새로운 것을 깨닫게 되거나 알게 되었을 때 짓는 표정을 두 사람이 지었다.

연약함 그리고 부족함 체크리스트

"만약 지금이라도 상대를 천사로 만들어 놓고 그 천사와 교제 중이라면 사람으로 돌려 놔야 해요. 결혼을 결정하기 전에는 상대의 장점뿐 아니라 허물이나 약점과 단점을 철저히 봐야 해요. 그가 사람인 걸 알아야 해요."

미리 준비해 두었던 A4용지를 꺼내 두 사람에게 주었다.

"지금까지 교제를 통해 드러난 상대의 약점과 단점, 즉 연약한 점과 부족한 점을 여기다 다 적도록 해요. 물론 이것은 주관적이지요. 어떤 사람에게는 통통한 것이 단점이기도 하고 어떤 사람에게는 장점이기도 해요.

다른 사람에게는 장점인 것이 자신에게는 단점으로 느껴질 수도 있어요.

객관적인 단점을 적는 것이 아니라, 자신이 생각할 때 단점이라고 생각하는 것, 즉 주관적인 것을 적으면 돼요. 어쩌면 그 안에는 두 사람의 허물이 들어 있을 수 있기 때문에 나는 그것을 보지 않을 겁니다. 이것을 서로

맞교환 하지도 않을 겁니다.

　이것은 본인만 볼 겁니다. 이것을 염두에 두고 솔직하게 적도록 해요.

　상대의 연약함과 부족함을 다 적은 다음에 두 번째 작업을 해요.

　그것을 놓고 하나하나 체크하는 작업을 하는 겁니다. 각 항목마다 이런 질문을 하는 거예요.

　'이 연약함을 있는 그대로 내가 받아들일 것인가?'

　'이 단점을 바꾸라고 하지 않고 이 모습 이대로 내가 받아들이고 평생 살 것인가?'

　'이 약점을 고치라고 요구하지 않고 이 약점이 있는 이 사람과 평생을 살 것인가?'

　만약 아무리 생각해도 그것만은 도무지 받아들일 수 없다고 느껴지는 것들이 있다면 우선은 그냥 넘어 가요.

　빠른 시간에 다 '예스'로 체크하기는 쉽지 않을 겁니다. 눈을 감고 체크하면 몰라도.

　우선은 가능한 것부터 체크해요.

　그리고 있는 그대로 받아들이기 힘든 것들이 있을 때는 기도해요. 하나님에게 상대의 연약함을 있는 모습 그대로 받아들일 수 있게 해달라고 구해요.

　이 과정이 좀 힘들긴 하지만 이 과정을 마친 후에 결혼을 결정하면 좋아요.

　두 사람은 이미 결혼하기로 결정을 한 사이지만 그래도 한번 해 보도록 해요. 많은 도움이 될 겁니다."

민수가 불안한 눈빛으로 물었다.

"그러다 도무지 이것만은 이 모습 이대로 받아들일 수 없다는 항목이 나오면 어떻게 해요?"

"기도해, 하나님께. 그것을 있는 모습 그대로 받아들일 수 있는 힘을 달라고. 그래도 안 된다면 심각하게 결혼을 다시 한 번 생각해 보는 것도 필요하지.

결혼 후에 그것으로 인해 계속 분쟁하고 다투는 것보다는 결혼 전에 다시 생각해 보는 것이 현명한 일이야. 그러나 이것은 일반적인 이야기이지 두 사람 결혼을 다시 생각해 보라는 이야기는 아니니 너무 긴장하지 마. (웃음)"

"목사님, 왜 단점만 적어야 하나요. 장점도 있을 텐데요…."

"수현 자매, 질문 잘했어요.

내가 두 사람을 조금 더 일찍 만났거나, 두 사람이 교제를 하기 전에 만났다면 아마 나는 두 사람에게 교제를 하면서 나타난 상대의 장점과 단점을 적으라고 했을 겁니다.

만약 처음 교제하는 사람들에게 상대의 약점과 단점만 적으라고 한다면 단점 중심으로 상대를 보는 우를 범할 수 있기 때문이지요.

수현 자매, 지금 두 사람처럼 교제를 하다 결혼하기로 마음을 먹었다면 기본적으로 상대의 장점과 뛰어난 점이 자신의 마음에 이미 들어온 상태지요?

장점도 없고 마음에 드는 것도 없고 온통 단점만인 사람을 놓고 결혼을 고려하지는 않잖아요. 만약 상대가 그런 상태라면 굳이 그의 단점을 적는 이 과정을 할 필요도 없지요. 그냥 안 만나고 헤어지겠지요.

지금 두 사람은 서로가 좋은 상태지요? 서로의 장점에 반하고 마음이 가고 끌린 상태지요?"

두 사람이 함께 고개를 끄덕였다.

"그래서 두 사람에게는 서로의 장점을 적는 과정을 생략하고 약점과 단점을 적도록 한 겁니다.

만약 내가 교제 전부터 두 사람을 지도했다면 앞서 장점과 단점을 적는 시간을 가진 뒤 이 시간에 장점을 적은 노트는 잠시 덮어 두도록 하고 그동안 적은 단점 노트를 꺼내 그것을 있는 모습 그대로 받아들이는 작업을 하게 했을 겁니다."

"목사님, 상대의 연약함과 부족한 모습이 그대로 다 받아들여지는 경우가 있나요?"

수현 자매가 조심스럽게 물었다. 민수는 순간 긴장하는 빛이 역력했다.

"그래요. 일반적으로는 쉽지 않아요. 그런데 하나님께서 짝지어 주신 사람은 이것이 가능해요. 예수님은 결혼을 하나님께서 짝지어 주신 것이라고 하셨어요.

상대가 과연 자기를 위해 하나님께서 짝지어 주신 배우자인지 이것으로도 확인할 수 있어요."

두 사람이 웃기는 하는데 활짝 웃지는 못했다.

"지금부터 자리를 옮겨 이 작업을 하도록 하지요.

민수는 예배당에서 하고, 수현 자매는 새가족부 방에서 하도록 해요. 다

하면 다시 와요."

수현 자매를 비전하우스 옆에 있는 새가족부 방으로 안내했다.

나는 내 방으로 돌아와 차 한 잔을 마시며 기다렸다.

그 사이 교회 홈페이지를 통해 성도들과 교제했다.

성도들이 올린 글에 덧달기도 하고, 메일도 체크했다.

시간이 한참 지난 후에 민수가 먼저 들어왔다.

"어땠어?"

"어려워요, 목사님."

"수고했네. 수현 자매는 민수를 받아들이는 데 시간이 더 필요한가봐? (웃음)"

"목사님, 솔직히 긴장이 돼요. 수현 자매가 이것은 받아들일 수 없다고 하면 어떻게 하나, 하는 마음이 들어요."

"민수가 수현 자매를 무척 좋아하는구먼. (웃음)"

민수가 긴장하는 것이 역력해 일부러 가볍게 이야기했다.

수현 자매도 들어왔다.

한 가지가 걸려요

"자, 체크한 것 내놔 봐요."

두 사람이 꺼내 놓았다.

"약속한 대로 나는 이것을 안 볼 겁니다. 결과만 확인할게요. 먼저 민수, 체크 다 했나?"

"네. 다 했습니다."

민수의 대답은 씩씩 버전이다.

수현 자매가 민수를 그윽한 눈으로 바라보았다.

"수현 자매는?"

수현 자매는 미안한 표정으로 민수를 한번 바라본 후에 대답했다.

"네, 저는 한 가지만 빼고 다 했어요."

한 가지는 하지 못했다는 말에 민수는 긴장했다.

나도 당연히 이것은 통과의례가 될 것이라고 생각했는데 수현 자매 대답을 듣고 내심 당황스러웠다. 결혼하기 위해 결혼공부 하다가 오히려 결혼에 문제가 생기는 것이 아닌가 하는 생각이 순간 들었다. 마음으로 기도했다.

"아, 그랬군요. 그럼 어떻게 할까요? 생각할 시간을 좀 더 줄까요?"

"목사님, 이것과 관련해 좀 여쭤어 봐도 될까요?"

"그래요. 먼저 그것이 오픈해도 괜찮은 건가요? 원하면 민수를 잠시 나가 있으라고 하고요."

"아니에요. 민수 씨가 같이 있어도 돼요."

민수가 큰 호흡으로 침을 삼켰다.

"제가 체크하지 못한 부분은 민수 씨가 혹 선교사가 되면 어쩌나 하는 부분입니다. 교제를 하면서 민수 씨 안에 선교에 대한 뜨거운 열정이 있는 걸 발견했어요.

지금은 직장을 다니지만 어쩌면 선교사가 되겠다고 나설지도 모르겠다는 생각이 들어요. 이것이 제게는 민수 씨의 약점입니다.

만약 민수 씨가 선교사로 나간다고 하면 그것을 그대로 받아들이고 민수 씨를 도와 선교사의 길을 갈 수 있을까? 많이 생각해 보았는데요. 자신이 없어요. 그래서 체크하지 못했어요."

선교사 딸인 자매에게 교제하는 형제가 선교사가 될 것 같다는 것이 단점이란 사실이 의외였다. 선교사의 딸로 살면서 겪었던 일들이 아픔이 되었나 보다.

왜 그렇게 되었는지 묻고 싶었지만 그냥 넘어가기로 했다.

"목사님, 선교사 딸이 이렇게 이야기하니 당황스러우시지요?"

수현 자매가 내 속을 훤히 들여다보고 있었다.

"목사님, 저는 중학교 때부터 부모님과 떨어져 살았어요.

아버지가 사역하시는 곳에는 선교사 자녀가 갈 수 있는 학교가 없었어요. 현지인 학교도 잠시 다녀 보았지만 도무지 다닐 수가 없었어요. 울면서 아빠에게 저를 현지인 학교에서 빼내 달라고 부탁했어요. 매달 들어오는 선교비가 빠듯한 것을 알았지만 그렇게 할 수밖에 없었어요.

다행히 파송교회에서 사정을 알고 저를 인접 국가에 있는 선교사 자녀 학교에 다닐 수 있게 해 주셨어요.

그때부터 부모님과 떨어져 지냈어요. 지금까지….

고등학교를 마치고 한국에 와서 대학을 다녔어요. 그리고 졸업하고 직장에 들어갔어요.

저는 아플 때도 혼자 아팠어요. 몸이 아픈 것보다 혼자서 아파야 하는 게 너무 힘들었어요. 제게 아빠 엄마가 필요할 때 아빠 엄마는 제 곁에 없었어요.

저는 제 자녀들 곁에 있고 싶어요. 자녀들과 함께 살고 싶어요. 그래서 하나님 앞에 기도했어요. 선교사 남편 만나지 않게 해달라고요.

그런데도 주변에서 선이 들어오는데 선교사이거나 선교사 후보생들이 많았어요. 저는 아예 만나질 않았어요.

그러다 같은 회사에 다니는 민수 씨를 만나 너무 좋았는데 교제를 하면서 보니 민수 씨 안에도 선교에 대한 뜨거운 열정이 있는 거예요."

수현 자매 눈가가 촉촉해졌다. 민수가 손수건을 꺼내 수현 자매에게 주었다.

그녀가 좋아할 줄 알고

"아, 그랬군요. 민수, 선교사로 나갈 생각인가?"

"아닌데요…."

민수가 말끝을 흐렸다.

"목사님, 교회에서 청년들에게 매년 여름 각 나라로 단기선교 보내 주셨잖아요. 그렇게 단기선교를 다녀온 나라가 벌써 일곱 나라입니다.

수현 자매와 만나 교제를 하면서 단기선교 갔던 이야기를 많이 했어요. 현장에서 하나님께서 주신 은혜와 감동을 나눈다고 생각하면서요.

더군다나 수현 자매 아버님이 선교사님이시니까 저는 당연히 수현 자매가 선교에 관심이 많을 것으로 생각했습니다. 그러다 보니 더 많이 선교 다녀온 이야기를 했던 것 같습니다.

제가 3년 전 아프리카 케냐 다녀온 이야기를 하면서 팀들이 돌아올 때 저 혼자라도 거기 남고 싶었었다는 이야기를 수현 자매에게 했었는데 아마 그걸 이렇게 생각한 것 같습니다."

수학여행을 가면 때로 거기서 살고 싶은 마음이 든다. 초등학교 때 경주로 수학여행 가서 나도 그랬었다. 단기선교를 보내면 그냥 거기 남고 싶다고 이야기하는 청년들이 더러 있다. 그렇다고 해서 그들을 현장에 남겨 두고 온 적은 없다. 일단 다시 나올 때 나오더라도 들어갔다 나오자고 하고 다 데리고 들어온다.

그중에 이 일이 계기가 되어 선교사로 헌신하는 경우도 있지만 대부분은 어느 정도 시간이 지나면 언제 그랬냐는 듯이 일상으로 돌아간다. 청년 시절 단기선교를 간 선교지에서 한 번쯤 그곳에 남고 싶은 생각을 안 해 본 청년들이 있을까?

민수가 수현 자매와 교제하면서 점수를 좀 더 받아 볼 생각에 유난히 선교 이야기를 많이 했나 보다.

민수는 내게 '비즈니스를 통한 하나님 나라의 구현'이라고 자기 비전을 말한 적이 있다. 자신의 직장 생활이 선교를 위한 수단이 아니라 그 자체가 선교인 삶을 살고 싶다고 했다. 그러다 나중에 사업을 하겠다고 했다. 이것은 어디서 무엇을 하든지 선교사적 마음으로 살라는 설교를 한 날 민수가 내게 한 말이다.

"서로 비전을 함께 나누는 시간들을 갖지 않았나요?"
"서로 말하지 않아도 알 것 같아 그 부분에 대해서는 깊은 이야기를 나누지 못한 것 같습니다."
"결혼은 두 사람의 꿈과 비전도 하나로 합치는 겁니다. 지금이라도 서로의 비전에 대해 깊이 있는 교제를 갖도록 해요."
민수가 안도하는 표정을 지었다.
"수현 자매, 그러면 이제 그 한 가지 항목을 어떻게 할래요?"
"민수 씨 이야기를 들어보니 그 부분은 제가 오해를 한 것 같습니다. 이제는 문제가 없을 것 같아요. 그 항목 자체를 삭제할게요."
"아, 그것도 방법이네요. 그리고 한 가지, 민수가 선교사 될까 봐 겁먹지 말아요.
만약 하나님께서 그렇게 하시기로 뜻을 정하셨다면 나중에라도 민수는 선교사로 가게 될 겁니다. 그러나 만약 그런 상황이 되면 하나님께서는 수현 자매에게도 같은 감동을 주실 겁니다.
하나님은 항상 이쪽과 저쪽에 동시에 감동을 주시는 분입니다. 마리아에게 감동을 주신 하나님은 요셉에게도 감동을 주셨어요."

"목사님, 저 선교사로 나갈 생각 없습니다. 목사님이 가르쳐 주신 대로 선교사적 마음으로 경영할 겁니다."

민수가 도장이라도 찍듯이 말했다.

도와주고 채워 주고

"공부 계속 하지요. 창세기 2장에서 하나님께서 왜 결혼을 만드셨는지, 사람이 왜 결혼하는지를 찾아보도록 해요.

그중에 '내가 그를 위하여 돕는 배필을 지으리라'는 말씀이 있지요?

영어 성경을 보면 돕는 배필이 헬퍼(helper)로 되어 있어요. 돕는 것, 이것이 결혼의 목적 중 하나입니다.

하나님께서 남자를 지으신 후에 그를 돕는 배필로 하와를 지어 두 사람을 결혼시키셨습니다.

이 말씀을 오해해서 아내는 남편을 돕기 위해 결혼하고 남편은 아내의 도움을 받기 위해 결혼하는 것이라고 생각해서는 안 돼요.

성경은 베드로전서 3장 7절에서 아내를 더 연약한 그릇이라고 표현하고 있어요. 남편이 연약한 그릇이라면 아내는 더 연약한 그릇입니다.

누가 더 많이 도와야 하겠어요? 그래요. 남편이 도울 게 더 많아요.

결혼은 남자나 여자나 모두 돕기 위해서 하는 거예요.

두 사람 조금 전에 상대의 연약한 점과 부족한 점을 적고 그것을 있는 모습 그대로 받아들이기로 했지요?

　두 사람에게 이것을 하게 한 이유가 있어요. 돕기 위해서입니다. 두 사람, 그것을 다시 봐요."

상대의 연약함과 부족함을 적은 종이를 가리켰다.

"그것을 하나하나 짚어 가면서 이렇게 고백해 보세요.

'나는 이 연약함을 돕기 위해 이 여자와 결혼한다.'

'나는 이 부족함을 채워 주기 위해 이 남자와 결혼한다.'

속으로 하면 돼요."

두 사람은 정성껏 하나하나 손가락으로 짚어 가면서 이 고백을 했다.

"다 고백했나요?"

"네."

"잘했습니다. 두 사람은 상대의 연약함과 부족함을 있는 그대로 받아들일 뿐 아니라 그것을 돕기로 했어요. 이것이 두 사람이 결혼하는 또 하나의 목적입니다."

　사람에게는 연약함과 부족함이 있다. 이 세상 모든 사람들이 다 그렇다. 연약함과 부족함이 없는 사람은 없다. 다 있다. 그렇다면 배우자의 연약함과 부족함을 어떻게 처리할 것인가? 이것이 문제로 남는다.

　배우자의 연약함과 부족함을 대하는 것을 보면 크게 둘로 나뉜다.

　하나는 성경이 가르쳐 준 대로 연약함과 부족함을 있는 모습 그대로 용납하고 그것을 도와주고 채워 주는 사람이다.

또 하나는 그 연약함과 부족함을 끊임없이 지적하고 바로잡으려 하는 사람이다. 전자의 가정에는 평화가 있고, 행복이 있다. 후자의 가정에는 다툼과 분쟁이 끊이지 않는다. 불행하다.

둘이 합해 100점 만들기

"목사님, 궁금한 게 있는데요. 돕기 위해 결혼하기로 했으면 상대의 변화는 기대하지 말아야 하나요?

상대를 지적하고 비판하면 다툼과 분쟁은 있겠지만 그래도 상대가 변하는 수확은 거둘 수 있지 않을까 하는 생각이 들어서요."

"수현 자매, 아주 좋은 질문을 해 줬네요. 그렇잖아도 그 부분을 설명하고 싶었어요.

참 신기한 일이 있어요. 많은 사람들이 상대의 약함을 있는 모습 그대로 용납하고 그것을 도우면 평생 그대로일 것이라고 생각합니다.

반면 많은 사람들이 수현 자매가 생각하는 대로 지적하고 비판하면 변화될 것이라고 생각해요. 그런데 결과는 변할 것 같지만 그렇지 않아요.

바로잡으려고 지적하고 비판하면 변할 것 같은데 결과는 반대로 나타나요. 지적받지 않기 위해 잠시 움츠러들기는 하지만 근본적인 변화는 잘 나타나지 않아요.

상대를 있는 모습 그대로 용납하고 그 약함을 도와주면 놀랍게도 변화가 생겨요.

용납하고 돕다 보면 가정의 평화와 변화를 함께 얻게 돼요."

"아, 그렇군요. 감사합니다."

"민수, 혹시 내가 쓴 『관계행복』 읽어 봤나?"

"네, 목사님. 수현 자매에게도 선물했는데요."

"아, 그래. 고맙네. 혹시 그 책 중에 '합쳐서 100점'이란 제목의 글 기억하나?"

"네, 아주 감명 깊게 읽었던 내용이라 선명하게 기억합니다. 목사님께서 말씀하진 않으셨지만 저희들 공부하러 올 때 목사님이 쓰신 책 갖고 왔습니다."

민수와 수현 자매가 가방을 열어 내가 쓴 『관계행복』과 『말의 힘』을 꺼내 놓았다.

"오늘 계속 감동이네. 잘했어요.

그렇잖아도 그 책들 안에 결혼공부에 필요한 부분들이 있어요.

앞으로도 계속 갖고 오도록 해요."

책을 본 김에 숙제를 내 주었다. 『말의 힘』을 한 주에 두 파트씩 읽도록 했다. 그리고 그 내용을 요약 정리해서 결혼공부 마지막 날 가지고 오도록 했다. 결혼공부 마지막 즈음에 이것을 가지고 하루 공부할 생각이다.

사람은 말로써 관계를 맺기도 하고 관계를 깨기도 한다. 말로 천국을 경험하기도 하고 지옥을 경험하기도 한다. 말의 중요성은 아무리 많이 강조

해도 지나침이 없다. 결혼공부 시간에 반드시 말에 대한 공부를 해야 하는데 그것을 이 책으로 대신하기로 했다.

"민수, '합해서 100점'의 논지를 설명할 수 있겠나?"

민수는 책을 펼치며 말했다.

"사람은 혼자서는 100점을 맞을 수 없다. 합쳐야 100점을 맞을 수 있는 존재다. 혼자 100점 맞으려고 하지 말고 합쳐서 100점 맞자."

나는 손뼉을 치며 탄복했다.

"수현 자매, 훌륭한 신랑 얻게 된 걸 축하해요. (웃음)"

"감사합니다."

"오늘 우리가 공부한 게 바로 합쳐서 100점을 맞는 구체적인 방법입니다."

연약함, 부족함이여 안녕!

"자, 그럼 두 사람 그거 이리 내요."

나는 두 사람에게서 서로의 연약함과 부족함을 적은 종이를 받아 들었다.

"지금까지 두 사람이 교제를 하면서 알게 된 연약함과 부족함이 다 여기 들어 있지요?"

"네."

"여기 기록한 것들을 있는 그대로 받아들이기로 했지요?"

"네."

"여기 기록한 상대의 연약한 것은 돕고 부족한 것은 자신이 채우기로 했지요?"

"네."

"두 사람은 혼자 100점이 아니라 둘이 합쳐 100점을 맞기로 했지요?"

"네."

마치 결혼 서약하는 것 같았다. 두 사람은 묻는 말에 모두 진지하게 "네"라고 대답했다.

"이제 이것을 분쇄기에 넣으려고 합니다. 괜찮겠지요?"

민수가 의외라는 듯이 물었다.

"분쇄기에 넣어요? 저는 목사님께서 이것을 잘 보관했다 결혼 후에도 주기적으로 읽어 보며 내가 왜 결혼했는지를 다시 한 번 확인하는 도구로 삼으라고 하실 줄 알았거든요."

"그것도 좋은 방법이겠네. 그렇게 할까? (웃음)"

"아니요, 목사님. 목사님 말씀대로 해 주시는 게 좋을 것 같아요."

수현 자매가 민수 안색을 살짝 살피며 말했다.

"그래요. 잘 생각했어요. 이렇게 하는 이유는 행여나 이것을 상대가 보게 될 때 상처가 될 수 있기 때문입니다.

'아니, 이 사람이 날 이렇게 보다니… 아니 이런 걸 약점이라고 하다니… 이 사람이 우리 집을 이렇게 평가했구나… 우리 엄마가 어디가 어때서….'

괜히 마음 상할 수 있어요. 이것이 분쟁의 원인이 될 수도 있어요. 어느 날 이것이 이런 말이 되어 나올 수도 있어요.

'당신이 결혼 전부터 우리 엄마를 그렇게 봤잖아. 우리 엄마에 대해 그렇게 생각하는 당신이 문제야.'

이렇게 되면 참 당황스러울 수 있어요.

두 사람, 이 과정을 통해 서로에 대해 파악한 부족함과 연약함은 평생 화제 삼지 말아요. 자신의 약점이 뭐냐고 서로에게 묻지 말아요. 유익이 없어요.

두 사람이 오늘 적었던 서로의 연약함과 부족함을 파악한 것은 그것을 있는 모습 그대로 받아들이고 돕기 위함이지, 그것을 상대에게 알려 주거나 지적하기 위한 것이 아닙니다."

수현 자매가 부지런히 내 충고를 노트에 적었다.

"앞으로 결혼해서 살다 보면 여기 적은 연약함과 부족함이 나타날 겁니다. 그때마다 '내가 이것을 있는 모습 그대로 받아들이고 돕기 위해 결혼했다'는 사실을 기억해요.

민수가 수현 자매 연약한 점을 도와주면 수현 자매는 약점이 없는 사람이 됩니다. 수현 자매가 민수의 부족함 점을 채워 주면 민수는 부족함이 없는 사람이 됩니다. 이렇게 하면 연약함과 부족함이 있는 두 사람이 온전한 사람이 됩니다."

이 말을 하고서 나는 두 사람에게 받은 종이를 들고나가 비전하우스에 있는 분쇄기에 넣었다.

두 사람 것을 한꺼번에 넣었더니 분쇄기가 특유의 소리를 내며 두 사람의 연약함을 분쇄했다.

보는 눈 달라지기

"이제 두 사람은 장점 중심으로 서로를 보도록 해요. 자신이 도울 것이 무엇인가를 알기 위해 우리는 일부러 상대의 연약함과 부족함을 살펴보았습니다. 그리고 오늘 이 과정을 거쳤습니다.

두 사람은 상대의 연약함과 부족함을 자신이 담당하기로 했습니다.

이제는 상대의 장점을 중심으로 서로를 보도록 해요."

"네, 목사님."

두 사람의 목소리가 한층 더 밝아졌다.

두 사람이 맑은 눈망울로 공부하는 모습을 보면서 더 가르쳐 주고 싶은 마음이 들었다.

"사람은 누구나 장점과 약점이 있습니다. 사람은 장점 더하기 약점입니다.

인생의 많은 힘과 시간을 약점에 투자하는 사람이 있는가 하면, 장점에 투자하는 사람이 있어요. 자신의 약점을 개선하는 데 힘과 시간을 너무 많이 쓰지 마세요.

안고 가야 할 약점은 안고 가도록 해요. 대신 힘과 시간을 장점을 계발하고 발전시키는 데 많이 쓰세요.

예를 들어, 글씨체는 안 좋은데 글을 잘 쓰는 사람이 있다고 합시다. 그가 평생 동안 글씨를 잘 쓰는 일에 힘과 시간을 다 쓴다면 이는 안타까운 일입니다. 이 사람은 글씨를 잘 못 쓰는 것은 워드프로세서로 보완하고 글을 쓰는 일에 힘과 시간을 써야 합니다.

기억력은 약한데 응용력이 뛰어난 사람이 있을 수 있어요.

만약 이 사람이 기억력이 약한 것에 대한 콤플렉스를 갖고 그것에서 벗어나기 위해 평생 동안 힘과 시간을 그런 일에 소모한다면 이 역시 안타까운 일입니다. 기억력은 컴퓨터나 전자사전으로 보완하고 응용력을 발휘하는 일에 힘과 시간을 써야 합니다.

그래야 하는 이유는, 단점을 개선하는 일에 있는 힘과 시간을 다 써도 애쓴 만큼 기대효과가 나타나지 않기 때문이에요. 오히려 그 에너지를 자신의 장점에 주목하고 발전시키는 데 쏟으면 훨씬 더 탁월한 결과를 낳는 겁니다."

어느새 설교 모드로 바뀌었다.

"이제 두 사람도 자신뿐 아니라 서로의 약점을 주목하고 그것을 개선하기 위해 애쓰기보다 서로의 장점을 바라보고 그것을 계발하고 발전시키는 일에 힘과 시간을 쓰도록 해요."

오늘은 여기까지 하기로 했다.

"사랑해."

"네, 목사님, 저도 사랑합니다."

"참, 수현 자매는 우리 인사가 익숙하지 않을 수 있겠네요."

"아니에요, 목사님. 인터넷으로 목사님 설교를 들어서 익숙해요. 저도 사랑합니다."

나는 글을 쓰거나 전화를 하거나 설교를 하거나 시작과 끝이 '사랑합니다'인 경우가 많다.

"사랑합니다."

평생 사랑하며 살고 싶다.

study 3

떠남 배우기 1
_ 결혼, 결정권 주고받기

이러므로 남자가 부모를 떠나 그 아내와 연합하여
둘이 한 몸을 이룰지로다 (창 2:24).

Marriage Guidebook

꽃무늬 원피스를 입은 수현 자매를 앞세우고 민수가 내 방으로 들어왔다. 세 번째 만남이라 지난주보다 더 편안했다.

"잘 지냈지요?"

"공부 열심히 했습니다."

민수가 씩씩하게 대답했다.

"공부?"

"네, 저희들 주중에 만나 목사님과 함께 공부한 거 복습하거든요. 또 숙제 내 주신 『말의 힘』공부도 하고요."

"나중에 데이트한 추억은 없고 공부한 기억만 나는 거 아니야? (웃음)"

"공부 데이트, 생각보다 좋은데요."

세상 모든 사람들이 이런 과정을 거쳐 결혼을 한다면 얼마나 좋을까?

보이차를 같이 나누며 지난 한 주간 있었던 이야기를 나누었다.

얘들아, 떠나라

"성경이 말하는 결혼의 정의를 다시 한 번 읽어 줄래요?
지난주에 이어 창세기 2장 24절입니다."

> 이러므로 남자가 부모를 떠나 그 아내와 연합하여 둘이 한 몸을 이룰지로다

"'남자가 부모를 떠나…' 이제 이 부분을 함께 공부합니다.
결혼은 사람이 부모를 떠나는 겁니다. 남자도 떠나고 여자도 부모를 떠나는 것이 결혼입니다."
"결혼하면 부모님 집을 떠나야 하나요?"
"부모님 집을 떠나는 것으로 이해할 수도 있지요. 그러나 이것이 문자적으로 부모님 집을 떠나는 것을 의미하는 것은 아닙니다. 부모님과 함께 살면서도 부모를 떠난 결혼이 있고, 부모님 집을 나와 따로 살면서도 부모를 떠나지 못한 경우도 있습니다."
"단순한 것 같은데 어렵네요."
"그러니 나 같은 선생이 필요하지…. (웃음)
자, 이제 필기 준비해요.
'떠나라'는 단어는 구약성경을 기록한 히브리어로 '아자브'입니다. 이 단어의 의미는 문자 그대로 떠나는 겁니다. 떠나면 함께하던 사람들과 사물들, 또 장소들은 뒤에 남겨질 수 있습니다.

에베소서 5장 31절이 창세기 2장 24절을 인용하고 있습니다.

신약성경을 기록한 헬라어로는 '떠나다'가 '카타레이포'입니다. 의미는 역시 사람이나 사물을 '뒤에 남겨 놓다'입니다."

설교 중에도 성경구절을 여러 개 인용하면 말씀을 놓치지 않으려고 손과 눈을 분주하게 움직이는 사람도 있지만 일반적으로 어렵게 느낀다.

두 사람도 마찬가지였다.

"이 단어의 의미를 통해 우리가 알 수 있는 것은 사람이 부모를 떠나면 그 부모는 뒤에 남겨진다는 사실입니다. 또 이에 대해서는 다양한 해석을 할 수 있습니다. 떠난다는 의미를 찾기 위해 먼저 성경이 가르쳐 주는 부모와 자녀와의 관계를 살펴볼 필요가 있습니다."

결정권 유효기간

수현 자매가 에베소서 6장 1절 말씀을 읽었다.

> 자녀들아 너희 부모를 주 안에서 순종하라 이것이 옳으니라

"하나님은 자녀를 향해 부모에게 순종하라고 했습니다. 부모에게 순종하라는 의미는 '부모가 결정하면 자녀 된 너희는 그 결정을 따르라'는 겁니다.

부모에게 순종하라는 말씀 속에는 부모는 자녀들의 결정권자라는 의미가 들어 있습니다. 부모는 하나님이 자녀 위에 세우신 결정권자입니다. 지금 두 사람의 결정권자는 부모님입니다. 부모님이 결정을 하면 그 결정이 하나님의 결정과 다르지 않는 한 두 사람은 따라야 합니다.

이것이 성경의 가르침입니다. 성경이 얼마나 순종을 강조하는지는 신명기 21장 18절부터 21절까지 말씀을 읽어 보면 잘 알 수 있습니다. 민수가 읽어 봐요."

> 사람에게 완악하고 패역한 아들이 있어 그 아비의 말이나 그 어미의 말을 순종치 아니하고 부모가 징책하여도 듣지 아니하거든
> 그 부모가 그를 잡아가지고 성문에 이르러 그 성읍 장로들에게 나아가서
> 그 성읍 장로들에게 말하기를 우리의 이 자식은 완악하고 패역하여 우리 말을 순종치 아니하고 방탕하며 술에 잠긴 자라 하거든
> 그 성읍의 모든 사람들이 그를 돌로 쳐 죽일지니 이같이 네가 너의 중에 악을 제하라 그리하면 온 이스라엘이 듣고 두려워하리라

"민수, 이 말씀에서 부모에게 순종하지 않는 자녀를 어떻게 하라고 했지요? 돌로 쳐서 죽이라. 너무 가혹하다는 생각이 혹 안 드나요? 부모에게 순종하지 않은 것이 과연 이렇게 돌에 맞아 죽을 일인가 하는 생각을 할 수 있습니다. 이 말씀을 통해 우리는 순종이 얼마나 중요한지, 하나님이 그것을 얼마나 중요하게 여기시는가를 엿볼 수 있습니다. 사람들이 생각하는

것보다 하나님은 하나님이 세우신 결정권자를 인정하고 그에게 순종하는 것을 아주 중요하게 여기십니다. 이것은 하나님의 뜻이고 이것을 통해 하나님의 창조질서가 유지되기 때문입니다.

부모의 권위를 인정한다는 말은 곧 부모의 결정권을 인정한다는 것입니다. 두 사람은 부모의 결정권을 인정하고 그 결정을 잘 따르고 있지요?"

"네… 부모에게 순종해야 한다는 말씀은 익히 알고 있었는데 그것이 부모님이 제 결정권자란 의미로까지는 적용하지 못했던 것 같아요. 진작 그걸 알았으면 더 잘 순종했을 것 같네요."

부모의 결정권은 하나님께서 주신 것이다.

그러므로 부모의 결정권을 인정하는 것은 곧 부모에게 결정권을 주신 하나님을 인정하는 것이다. 자녀들 중에는 부모가 훈계를 하면 "내 일은 내가 알아서 할 테니 내버려 두라"고 하는 이들이 있다.

이것은 부모가 자신의 결정권자임을 부인하는 것이다. 자녀의 결정권은 자녀에게 있는 것이 아니다. 자녀의 결정권은 부모에게 있다. 이것은 자녀의 행복을 위해 하나님께서 디자인하신 삶의 패턴이다.

부모의 결정권을 인정하지 않고, 부모에게 순종하지 않는 이들 중에 상당수는 그 이유를 부모의 잘못된 행위 때문이라고 한다. 부모의 잘못된 행위를 들어 자신의 불순종을 합리화하고 정당화하려고 한다. 부모가 부모답지 못하기 때문에 자기는 그 부모가 하는 말을 안 듣는다고 하는 자녀가 있다. 부모의 말을 따르기보다 오히려 그 반대로 하는 자녀도 있다. 부모에 대한 반감 때문에 부모의 말이 옳고 좋은 줄 알면서도 일부러 거역하는 자녀도 있다.

이런 불상사를 막기 위해서라도 부모들은 자녀들이 부모의 말에 순종하는 데 장애가 되는 일을 하지 말아야 한다.

성경은 부모에게 자녀를 노엽게 하지 말고 주의 교양과 훈계로 양육하라고 한다.

성경이 가르쳐 주는 교육의 기본은 '본(本)'교육이다.

즉, 자녀들에게 본을 보이는 것이다. 본이 되지 못하면서 자녀에게 결정권을 행사할 때 자녀는 화가 날 수 있고 그 결정을 따르는 것이 고통스러울 수 있다.

자녀 입장에서 생각해 보자.

만약 하나님이 본이 되는 부모의 말은 순종하고 그렇지 못한 부모의 말은 순종하지 않아도 된다고 했다면, 자녀 된 이들은 부모를 판단해서 순종할 것인지 불순종할 것인지를 결정하면 된다.

그러나 성경은 그렇게 가르치지 않는다.

모범이 되는 부모의 결정권도 인정하고 순종해야 하겠지만, 모범을 보이지 못하는 부모의 결정권도 인정하고 순종해야 한다. 자녀들은 본을 보이는 부모에게도 순종해야 하고, 본을 보이지 못하는 부모에게도 순종해야 한다.

에베소서 5장을 보면 하나님께서는 가족 구성원들에게 각각 이렇게 저렇게 하라는 말씀을 하시기 전에 "성령의 충만을 받으라"는 말씀을 먼저 하셨다.

그것이 성령 충만을 받아야 가능한 일들이기에 하나님은 가족 구성원들에게 이렇게 저렇게 하라고 하기 전에 이 말씀을 하셨는지 모른다. 모범이 되는 부모의 결정권을 인정하고 그 결정에 순종하는 것은 어쩌면 성령을 받지 않고도 가능할지 모른다.

그러나 본이 되지 못하고, 그 삶이 자녀가 보기에도 아닌 부모의 결정권을 인정하고 그 결정에 순종하는 것은 사람의 의지로는 할 수 없는 일이다. 성령을 받아야 가능한 일이다.

본이 되지 못하고, 지탄의 대상이 되는 부모의 결정권을 인정하고 그 결정에 순종해야 하는가? 성경이 가르쳐 주는 답은 "네 부모에게 순종하라"이다.

자녀들이 울분을 토하며 하는 말 중에 "우리 부모는 이중적"이란 말이 있다. 부모 자신이 하는 행위와 자녀들에게 하라고 하는 말이 다르다는 것이다. 부모는 추한 삶을 살면서 자녀더러 깨끗하게 살라고 한다는 것이다.

그러나 부모가 이중적이라고 부모를 공격하지 말라. 왜냐하면 하나님이 부모를 만드시길 이중적으로 만드셨다.

만약 부모가 이중적이 아니라면 세상이 어떻게 되겠는가?

지저분한 인생을 사는 부모가 어린 자녀를 앞혀 놓고 더럽게 사는 법을 가르친다면 세상이 어떻게 되겠는가?

거짓으로 일관하는 부모가 자녀에게 그 사기 수법을 전수한다면 세상이 어떻게 되겠는가?

허황된 꿈에 젖은 부모가 어린 자녀에게 공부 대신 도박을 가르친다면 세상이 어떻게 되겠는가?

그래서 하나님은 부모에게는 특별한 마음을 주셨다. 자신은 악을 행하면서도 자녀에게는 선을 행하라고 하는 부모 마음을. 그 마음이 이중적으로 보이는 것이다. 자신은 비록 형편없이 살지라도 자녀에게는 제대로 바르게 살라고 가르치는 이중성이 부모에게 있는 것이다.

이 사실을 주목하고 자식을 향한 부모들의 말을 들어보라.

자녀를 향해 부모가 하는 말은 대부분 다 옳다. 그렇게 말하는 부모의 행위는 그릇될지 모르나 그 입에서 나오는 말은 대부분 바르고 유익하다.

이 사실을 아시는 하나님이 그래서 자녀들에게 부모의 행위를 따르라고 하지 않고 부모의 말을 따르라고 했는지 모른다.

자녀들 가운데 부모의 잘못을 가지고 고민하는 이들이 있다.

부모가 잘못할 때, 그 부모의 잘못을 어떻게 해야 하는가?

"수현 자매, 물론 수현 자매의 부모님은 사실 아주 훌륭한 분이시지만, 만약 부모님이 무엇인가 잘못하고 계시다고 가정을 해 봐요. 그럴 때 수현 자매는 어떻게 할래요?"

"…."

쉽게 대답할 수 있는 것은 아니다.

"목사님, 그 대답을 제가 하면 안 될까요?"

민수가 나섰다.

"저는 목사님 설교를 통해 그럴 때 어떻게 해야 하는지를 배우고 그것을 그대로 적용하고 있어요. 저도 전에는 부모님들이 무엇을 잘못하시면 그것을 제가 바로잡아 드려야 한다는 생각을 했어요.

그런데 목사님을 통해 부모님의 잘못은 기도로 하나님께 맡기라는 말씀을 듣고 자유함을 얻었어요. 목사님이 그러셨지요? 성경 어디에 부모님의 잘못을 바로잡지 못했다고 하나님이 자녀에게 책임을 물으신 일이 있느냐고?

저는 그 말씀을 지금도 생생히 기억해요.

제가 이 세상을 떠나 주님 앞에 가도 주님은 제가 저희 부모님들 잘못을 바로잡지 않은 것에 대해서는 책임을 묻지 않으실 것이란 확신이 있습니다.

이것이 몸에 배다 보니 직장이나 사회 생활을 하는 중에도 이것은 그대로 적용되는 것 같아요. 저는 목사님이 가르쳐 주신 대로 부모님이나 권위 윗사람에게서 잘못이 발견되면 그것을 가지고 하나님께 나아갑니다. 하나님이 세우신 분들이니 하나님이 알아서 해 주시라고 말씀드립니다."

"아니, 그렇게 설교를 자세히 기억하고 있으면 난 어쩌라고. (웃음)

고맙네, 고마워."

설교자의 보람과 기쁨이 충만한 날이다.

결혼식 = 결정권 이양식

"수현 자매, 부모님이 수현 자매의 영원한 결정권자인가요?"

"영원한 결정권자요…?"

"부모는 자녀의 영원한 결정권자가 아닙니다. 이 결정권에 변화가 찾아올 때가 있습니다. 그때가 바로 자녀가 결혼할 때입니다. 자녀가 결혼하면 부모의 결정권에 변화가 생깁니다.

자녀의 결정권자이던 부모가 그 결정권을 자녀에게 넘겨주는 날이 결혼식 날입니다. 그런 의미에서 결혼식은 결정권 이양식 날입니다. 이렇게 결정권을 넘겨주고 나면 부모는 뒤에 남겨집니다.

결혼 전에는 범사에 부모님이 결정권자로서 절대적인 위치에 있었습니다.

하지만 자녀의 결혼을 통해 그 위치가 변경됩니다. 결정권자가 참고인이 되는 겁니다.

결혼 전에는 부모님이 결정하는 대로 자녀는 따랐습니다.

그런데 결혼 후에는 부모님의 말씀을 참고해서 그 자녀가 결정을 합니다.

이것이 사람이 부모를 떠나는 겁니다."

부모를 떠나는 것의 의미를 들은 수현 자매 눈이 커진 것 같다.

"아, 그런 의미가 있는 거예요. 놀랍네요."

민수는 이 말을 여러 번 들어서 그런지 수현 자매가 놀라워하는 것이 도리어 새롭게 느껴지는가 보다.

"결혼 후에는 결정권자가 바뀝니다. 부모님에게 있던 결정권이 자녀에게로 넘어옵니다.

그런데 안타깝게도 결혼한 후에도 여전히 부모님이 결정권을 갖고 있는 경우가 있습니다.

이제 결혼을 앞둔 두 사람은 결혼식 날 부모님에게서 결정권을 가지고와야 합니다."

"부모님이 결정권을 주시려고 하지 않으면 어떻게 해요?"

"그러면 갈등이 생깁니다. 그러나 두 사람은 걱정하지 말아요. 처음 결혼공부를 시작하면서 계획한 대로 다음 주에는 두 사람의 부모님들을 모시고 오도록 해요.

그 시간에 부모님들과 함께 오늘 공부한 것을 다시 한 번 공부할 겁니다. 결혼을 시키면서 왜 결정권을 자녀에게 줘야 하는지를 부모님들과 함께 공부할 겁니다.

번거롭지만 이렇게 하는 이유는 부모를 떠나는 것이 결혼이라는 것을 자녀는 아는데, 부모님이 모르거나 동의하지 않는 경우가 있기 때문입니다. 이렇게 되면 자녀는 부모님에게서 결정권을 강제로 가지고 와야 합니다. 결과적으로 이것은 결정권을 빼앗아 오는 게 됩니다. 이 과정에서 부모님과 자녀 모두가 큰 상처를 받을 수 있어요. 이것을 방지하기 위해 부모님들을 결혼성경공부에 초대한 겁니다."

마침 수현 자매 부모님이 선교대회 참석차 이번 주에 입국한다는 이야기를 듣고 그 일정에 맞춰 다음 주에 부모님과 함께할 수 있도록 결혼공부 진도를 조절했다.

"그런데 목사님, 왜 결정권자를 바꿔야 하지요? 그냥 부모님을 결정권자로 한 채로 살면 안 되나요?"

그렇잖아도 이 부분을 좀 더 설명해야 할 필요성을 느끼고 있었는데 수현 자매가 질문을 잘해 주었다.

"그렇게 할 경우 혼란이 와요. 갈등이 생겨요. 예를 들어 설명을 하지요.

두 사람이 결혼해서 살면서 지사 근무를 나가기로 결정을 하고 회사에 지원을 했어요. 그런데 수현 자매 어머니가 그 이야기를 듣고는 그건 안 된다고 하면서 지사 근무 나가지 말고 국내 근무하라고 결정을 해서 알려 왔어요.

어떻게 할 거예요?

또 두 사람이 자녀를 낳아 그 자녀를 유학 보내기로 결정했어요. 그런데 시어머니가 유학은 안 된다고 결정해서 알려 왔어요.

두 사람이 집을 사기로 결정했어요. 그런데 수현 자매 아버님이 지금은 집을 살 때가 아니라고 하면서 집을 사지 말라고 결정해서 알려 왔어요.

회사를 옮기기로 두 사람이 결정했어요. 수현 자매 어머니가 그건 안 된다고 결정해서 알려 왔어요. 그런데 민수 아버님은 옮기라고 결정해 주셨어요.

어떻게 하겠어요?

누구 결정을 따를래요?

이렇게 되면 얼마나 혼란스럽겠어요. 이런 일이 한두 번도 아니고 거의 매사를 양쪽 부모님들이 결정을 한다고 가정을 해 봐요. 어떤 일 하나를 하기 위해 네 분에게 결정 받으러 다니다 보면 아마 아무 일도 못할 겁니다.

이런 상황에 두 사람이 낳은 자녀가 결혼했다고 합시다. 그러면 이번에는 할아버지 할머니 결정도 받아야 합니다. 이러면 가정이 든든히 서지 못합니다. 결정권자가 명확하고 분명해야 가정이 세워집니다."

목소리에 힘이 많이 들어갔다.

"그럼 결혼 후에는 부모님 말씀을 안 들어도 되나요?"

민수가 개구쟁이 같은 질문을 한다.

"아니야. 결혼 후에도 듣는 게 좋아."

수현 자매를 바라보며 말을 이어 갔다.

"왜냐하면 부모님은 자녀를 사랑합니다. 자녀를 위합니다. 그리고 그 분들은 인생의 경륜과 삶의 지혜가 있는 분들입니다. 그런 분들이 해 주시는 말씀을 듣는 것은 잘 사는 비결 중 하나입니다.

하지만 결혼 후에 부모님 말씀을 듣는 것은 결정권자의 결정에 순종한다는 의미가 아닙니다. 나를 사랑하고 나를 위하시는 인생의 경륜이 깊은 분의 말씀을 내가 따르기로 결정을 하는 겁니다.

같은 부모님 말씀을 듣는 것이지만 결혼 전과 후는 결정을 누가 하느냐의 차이가 있습니다."

"결정권이 핵심이군요."

"그래. 민수가 제대로 이해했네…."

최종 결정권은 주님께

결정권은 결혼뿐 아니라 우리의 신앙과 대인관계에서도 핵심이다.

부모에게 순종하는 사람이 대인관계가 좋은 것은 우연이 아니다.

결정권자에게 순종하는 것이 몸에 밴 사람은 어디를 가든지, 누구를 만나든지, 어떤 공동체에 들어가든지 결정권자의 결정에 순종한다.

이 사람이 사람들에게 은총을 받고 귀중히 여김을 받는 것은 어쩌면 당연한 일인지 모른다.

"두 사람 예수님을 믿지요? 결정권이란 관점에서 예수 믿는 것을 설명할 수 있어요. 그렇다고 두 사람보고 설명하라고 하지는 않을 테니 긴장하지는 말구요."

설명이란 단어가 나오자 본인들보고 하라고 할 줄 알고 순간 당황하기에 한 말이다.

"예수님을 믿는 것은 예수님을 내 인생의 주님으로 모시는 겁니다. 예수님을 주님으로 모신다는 것을 다른 말로 하면 예수님을 나의 결정권자로 모시는 겁니다. 내가 나의 결정권자가 되어 살던 삶을 이제는 청산하고 예수님을 나의 결정권자로 모시고 예수님의 결정에 따르는 삶입니다.

예수 믿는 삶은 한마디로 나의 결정권자이신 예수님의 결정을 따라 사는 삶입니다. 주님의 뜻을 따라 산다는 것은 곧 주님의 결정을 따라 산다는 겁니다."

결혼공부를 하다 복음공부로 넘어갔다. 사실 결혼과 예수님을 믿는 것은 참 많이 닮았다.

성경은 예수님과 우리의 관계를 신랑과 신부라는 관점에서 묘사하고 있다.

우리가 부르는 찬송 중에도 신랑 되신 예수님이 등장한다.

결혼 생활은 신앙 생활 하듯이 하면 되고 신앙 생활은 결혼 생활 하듯이 하면 된다.

이 부분을 좀 더 설명하고 싶었지만 다음으로 미루었다.

아무래도 뒤에서 이 부분을 좀 더 자세히 다루어야 할 것 같다.

조금 더 진도를 나갈 시간은 있었지만 다음 주 부모님을 모신 자리에서 공부하는 것이 좋을 것 같았다.

study 4

떠남 배우기 2
_ 결혼, 아들을 며느리에게로

이러므로 남자가 부모를 떠나 그 아내와 연합하여
둘이 한 몸을 이룰지로다 (창 2:24).

Marriage Guidebook

일곱 명이 앉기에는 내 방이 좁았다.

그래서 내 방과 붙어 있는 새가족부 방을 마련해 놓았다.

간단한 다과도 준비했다.

5분 간격으로 민수와 수현 자매가 부모님을 모시고 왔다.

로비에서 반갑게 맞았다.

민수 부모님은 교회에서 오랫동안 함께해서 익히 잘 아는 사이다.

수현 부모님은 처음 뵙는 분들이다.

두 분 얼굴에는 선교지에서 헌신한 빛이 훈장처럼 역력했다.

썬크림으로는 감당할 수 없는 선교 현장의 뜨거운 햇살이 그대로 수현 자매 부모님 얼굴 피부 속까지 파고든 듯했다.

"어서 오세요. 주님의 이름으로 환영합니다."

차 한 잔을 나누며 수현 부모님의 선교현장 이야기를 들었다.

선교현장에서 하나님께서 하신 일은 언제 들어도 역동적이다.

민수 부모님과 수현 부모님은 이미 상견례를 마친 상태로 사돈이 될 사이지만 그렇게 어색하지는 않았다.

민수와 수현 자매는 약간 긴장된 얼굴로 앉아 있었다.

"자녀들의 결혼을 축하합니다. 아이들이 와서 결혼한다고 주례를 부탁해서 기쁨으로 허락하고 함께 성경을 통해 결혼공부를 하고 있는 중입니다. 그중에 부모님들과도 함께 나누어야 할 부분이 있어서 이렇게 오늘 오시도록 했습니다. 와 주셔서 감사합니다."

"무슨 말씀을요. 진작 저희들이 찾아뵈었어야 하는데 죄송합니다."

"집사님, 무슨 말씀을요. 공부를 같이 해 보니 민수가 더욱 귀해 보입니다."

"바쁘실 텐데 이렇게 저희 자식들에게 결혼공부를 직접 가르쳐 주셔서 감사합니다."

"선교사님 따님이라 그런지 제 딸같이 느껴집니다."

아들아, 네 여인에게 가라

"지금 자녀들 하고 성경을 통해 결혼을 공부하고 있는 중입니다. 성경은 결혼을 이렇게 정의합니다.

'사람이 부모를 떠나 그 아내와 연합하여 한 몸을 이루라'

지난주에 자제분들과 '사람이 부모를 떠나' 부분을 함께 공부했습니다.

결혼은 사람이 부모를 떠나는 것이라는 성경의 가르침을 함께 나누었습니다. 이 말씀을 공부하다 보니 아무래도 부모님들과도 함께 나누는 것이 좋겠다는 생각이 들었습니다. 이유는 자녀들이 부모로부터 떠나려면 부모님 입장에서는 그 자녀를 떠나보내야 합니다.

그런데 만약 부모가 자녀를 떠나보낼 생각을 하지 않고 있는데 자녀가 그 부모를 떠나야 한다면 아픔이 있을 수 있습니다. 그래서 오늘 양가 부모님들께 자녀들을 잘 떠나보내 주시라는 부탁을 드리려고 합니다.

감사하게도 두 가정 부모님들이 모두 예수를 믿으시기 때문에 성경이 가르치는 대로 자녀들을 결혼시키실 것이란 생각이 들어 편안한 마음으로 오시게 했습니다."

여기까지 설명하고 지난번에 민수와 수현 자매와 함께 나누었던 부모를 떠나는 것이 어떤 의미인지 양가 부모님들에게 설명했다.

"우리는 전통적으로 자녀들 결혼에 대해 이렇게 표현합니다. 신랑 부모님들은 아들의 결혼을 '며느리를 얻었다. 새 사람이 들어왔다. 며느리를 맞았다'고 표현합니다. 딸 부모님들은 '딸을 시집보냈다'고 표현합니다.

딸 가진 부모 입장에서는 결혼을 딸을 신랑 집으로 떠나보내는 것으로 이해하고 있습니다. 아들 가진 부모 입장에서는 결혼이 아들을 떠나보내는 것이라기보다 며느리를 얻었다는 생각을 합니다. 그래서 결혼식 때 보면 신부 부모가 신랑 부모보다 더 많이 서운해하는 것 같습니다."

이것이 우리나라 부모들이 자녀 결혼에 대해 잠재적으로 갖고 있는 생각이다. 그러다 보니 성경이 말하는 결혼과 큰 차이가 있을 수밖에 없다. 며느리를 얻었다고 생각하는 신랑 부모가 결정권을 넘겨줄 이유가 없다. 오히려 지금까지는 아들의 결정권자였지만 이제는 며느리도 자신들의 결정권 안으로 들어와야 한다고 생각한다.

사회적인 분위기도 시집을 왔으면 시댁의 가풍을 따라야 한다는 것이 주류이다. 문화적으로도 예전보다 많이 변화되긴 했지만 여전히 며느리가 시어머니 결정권 아래로 들어가는 것을 당연한 것으로 여기는 분위기이다.

결정권을 놓고 아들 내외와 부모 사이에 갈등이 생긴다. 이것이 며느리와 시어머니 사이의 갈등으로 표출된다. 대체로 고부간 갈등은 바로 이런 결혼에 대한 기본 이해의 차이에서 시작된다.

신랑 부모님이 결정권을 내어주기보다 오히려 며느리에게까지 결정권을 행사하려고 한다.

하나님의 결혼 질서는 사람이 부모를 떠나는 것이다. 그러다 보니 이 둘 사이에서 참 많은 갈등이 생긴다. 하지만 많은 사람들은 갈등을 겪으면서도 그 갈등의 원인이 무엇인지 모른 채 괴로워하기만 한다.

아들아, 통장도 가져가라

"민수 아버님은 민수를 떠나보낼 준비를 하고 계신가요?"

"네, 그동안 목사님께 여러 차례 말씀을 들었기 때문에 마음의 준비를 단단히 하고 있습니다. (웃음) 사실 저도 예전에는 다른 사람들과 같이 며느리를 맞는다, 며느리를 얻는다는 생각을 했었습니다. 그러다 결혼은 부모를 떠나는 것이라는 것을 목사님께 처음 들었을 때 충격이었습니다. 가치관의 혼란이 있었습니다.

그러나 성경이 진리라는 사실을 믿었기 때문에 제가 자녀 결혼에 대해 갖고 있던 생각을 성경이 가르쳐 주는 것으로 바꾸었습니다."

민수 어머니에게 물었다.

"그동안 민수가 월급 타서 어떻게 했나요?"

"네, 제가 다 어머니께 맡겼고 어머니께서 관리하셨습니다."

민수가 대신 대답했다.

민수 어머니는 고개를 끄덕이는 것으로 답을 대신했다.

"잘하셨습니다.

집사님은 제가 봐도 재물 관리에 은사가 있으신 것 같습니다. 알뜰하게 살림도 규모 있게 잘하셨습니다.

집사님, 이제 민수 결혼하면 그걸 어떻게 하실 생각이세요?"

"…."

금방 대답이 나올 줄 알았는데 그렇지 않았다.

어색한 침묵이 흘렀다.

"글쎄요. 목사님이 원하시는 답은 알겠는데…. 민수 결혼을 위해 집을 준비한 것도 있고 해서 당분간은 제가 더 해야 할 것 같습니다."

"며느리 월급은요?"

"그야 며느리가 알아서 하겠지만 관리를 제게 맡기면 제가 해야지요."

뜻밖이다. 나와 오랜 시간을 함께한 분이 이렇게 대답할 줄은 몰랐다.

그동안 결혼은 부모를 떠나는 것이라고 얼마나 많이 설교했던가.

"집사님…."

민수 어머니 쪽으로 고개를 돌려 그 분을 바라보았다.

"결혼시킨다는 것은 곧 결정권을 넘겨주는 것입니다. 결정권을 넘겨준다는 것은 추상적인 것이 아니라 실제적인 겁니다.

재정권을 넘겨주는 것은 기본입니다. 재정권을 넘겨주지 않고 결정권만 넘겨준다는 것은 알맹이는 빼고 껍데기만 넘겨주는 겁니다. 집사님이 그동안 해 오던 민수의 재정 관리는 이제 민수에게 넘겨주어야 합니다. 그것이 결정권을 넘겨주는 겁니다."

"민수는 재정 관리를 해 본 적이 없어 잘 모를 텐데요."

"그래도 넘겨주어야 합니다. 민수가 못하면 며느리가 할 것입니다. 제가 집사님 담임목사니 오해는 없이 들으실 것 같습니다. 집사님에게 설교 좀 하겠습니다.

자녀를 양육할 때 부모 된 우리는 결정권을 조금씩 위임해 주면서 자녀 스스로 결정권을 행사할 수 있도록 훈련을 시켜야 합니다. 재정권도 마찬가지입니다."

두 번째 탯줄 끊기

나는 부모가 결정권, 특별히 재정권을 넘겨주지 않음으로 가정이 깨어진 경우를 알고 있다.

부모도 자녀도 다 신앙을 갖고 있지 않았던 사람들이다. 이들은 전통적인 결혼을 했다. 며느리를 맞아들였다. 그 며느리가 아들과 같은 직장에 다녔다. 결혼한 다음 달부터 월급날이 되면 두 사람은 봉투째 월급을 어머니에게 가져다 드렸다.

지금은 통장으로 월급이 입금되는 것이 보편적이지만 매달 명세서가 붙은 월급봉투를 받던 때가 있다. 이것이 남편에게는 오래된 습관 같은 일이지만 아내는 아니라고 생각했다.

그러나 남편의 뜻을 따랐다.

어머니는 자녀들에게 월급에서 한 달 용돈을 나눠 주었다. 그 월급이 어떻게 관리되는지 아들과 며느리는 알지 못했다. 그것을 알려고 하는 것조차 불효라고 생각했다. 몇 개월 이러다 말겠지 했다. 그러나 그것이 계속되었다. 아내는 남편에게 불편한 마음을 토로했다.

이것이 불화의 원인이 되었다.

어머니 주변 사람들은 요즘 보기 드문 아들 며느리라고 칭송이 자자했다.

그 며느리 속이 까맣게 타들어 가는 줄도 모르고.

몇 년이 지난 후에 두 내외가 매달 가져다 드린 월급이 하나도 저축되지 않았다는 것을 알았다. 어머니가 생활비로 다 썼다고 했다. 아내는 우리 아이들도 커 가니 이제는 그렇게 할 수 없다고 남편에게 이야기했다. 그러나 아들도, 어머니도 며느리의 뜻을 수용하지 않았다.

안타깝게도 그 가정은 깨어지고 말았다. 물론 이 한 가지 이유만으로 깨어진 것은 아니겠지만 이것이 불씨가 된 것은 분명했다.

"부모는 자녀를 낳아 탯줄을 두 번 끊습니다. 한 번은 낳자마자 끊고, 또 한 번은 결혼시키며 끊습니다.

탯줄은 끊어야 삽니다. 어떤 엄마가 내가 이 줄로 열 달 동안 우리 아이를 먹여 살렸는데 어떻게 이것을 끊을 수 있겠느냐고 하면서 탯줄 끊기를 거절한다면 엄마도 아이도 살 수 없습니다.

탯줄을 끊어야 삽니다. 아들을 떠나보내는 것이 탯줄을 끊는 것입니다. 아들을 떠나보내야 삽니다. 아들도 살고 엄마도 삽니다."

어느새 내 목소리 톤이 올라갔다. 안타까운 예를 알기 때문에 더 그랬는지 모른다.

"목사님, 그럼 민수 집을 마련하기 위해 대출받은 것은 어떻게 해요?"

민수 어머니가 현실적인 질문을 했다. 민수네 형편을 아는 입장이라 이해가 됐다. 민수 아버지가 그것을 담당하기에는 무리다.

"민수 집을 사셨군요. 무리해서 집을 사지 않았으면 좋았을 텐데….

두 가지 방법이 있을 것 같습니다.

하나는 그 집을 처분하여 대출금을 갚고 형편에 맞는 전셋집을 얻는 것이고, 다른 하나는 재정권을 넘겨주면서 민수 내외에게 대출금도 함께 넘겨주는 겁니다."

사돈이 함께 있는 자리에서 이런 이야기가 오가는 것이 많이 부담스러운 것 같다.

"민수 생각은 어떤가?"

"저는 잘 모르겠습니다. 어머니가 모든 것을 알아서 해 주셔서…."

"그럼 결혼 후에도 어머니가 계속 알아서 해 주기를 원하나?"

"그건 아니고요. 저는 그것이 결정권의 문제인 줄은 생각지 못했습니다."

뜻밖에 돈 문제가 나오니 모두에게 부담이 되는 것 같았다. 남자들이 더 많이 힘들어하는 것 같다.

"저, 제가 한 말씀 드려도 될까요?"

뜻밖에도 수현 자매가 나섰다.

"사실 저는 민수 씨를 통해 살 집이 마련되었다는 이야기만 들었지 구체적인 내용은 몰랐습니다. 오늘 이 자리에서 알았습니다.

제 생각에는 힘들어도 성경대로 하는 것이 좋을 것 같습니다. 저희들이 부족하지만 어머니께서 넘겨주시면 잘해 보겠습니다."

수현 자매는 결정권이나 재정권 같은 민감한 단어는 피하면서도 필요한 이야기를 했다.

"목사님, 지금은 아직 결혼하지 않은 상태니 결정권이 부모님께 있지요?"

민수가 물었다.

"그럼."

"그렇다면 이 문제에 대해서는 부모님께서 집을 팔든지, 아니면 대출받은 것을 저희에게 넘겨주시든지 결정을 해 주시면 저희는 그대로 따르겠습니다."

선교사인 수현 부모님은 그저 앉아 있기만 했다. 이따금씩 물만 마셨다.

선교사로 사역을 하면서 딸 결혼을 위해 모아 놓은 돈은 없을 것이다.

그러기에 돈 이야기 앞에서 더욱 작아지는지 모른다.

이럴 때 수현 아버지는 "그 대출금은 제가 담당하겠습니다"라고 얼마나 말하고 싶을까.

"집사님, 훌륭한 아드님을 두셨습니다. 두 분이 의논하고 결정을 해 주시지요. 아직 시간이 좀 있으니…."

부모는 왜 자녀를 낳고 기르고 가르치고 결혼시키면서도 계속 이렇게 자녀에게 미안한 마음일까.

결정은 너희가 해라

"양가 부모님, 결혼을 통해 자녀를 떠나보내 주실 거지요?"
"떠나보내지 않겠다고 하면 목사님이 주례 안 해 주실 거지요? (웃음)"
민수 어머니가 조금은 심각해진 분위기를 바꿔 보려고 애를 썼다.
"네 분 모두 아들딸을 떠나보내시기로 하셨지요?"

수현 아버님은 허리까지 숙이며 그렇게 하겠다고 했다.

부모는 자녀들을 떠나보내야 한다. 자녀를 떠나보내지 않으면 부모도 자녀도 둘 다 고통스럽다.

부모가 자녀를 떠나보내지 않으면 자녀가 떠나간다. 부모를 떠나야 결혼이 가능하기 때문이다.

떠나보내지 않으려는 부모를 자녀가 떠나게 되면 부모와 자녀의 관계가 어려워진다.

이렇게 되면 자녀는 부모의 마음을 불편하게 해드린 것 같아 힘들고, 부모는 서운함 때문에 힘들다.

이런 일이 생기기 전에 부모가 자원하여 성경말씀대로 자녀에게 결정권을 넘겨줘야 한다.

"혹 결혼 후에 민수 어머니가 며느리에게 전화를 해서 이렇게 말했다고 해요.

'아가, 오늘 퇴근하는 길에 집에 들렀다 가거라.'

이렇게 하면 자녀를 떠나보냈나요, 안 떠나보냈나요?

이 경우 결정권은 어머니에게 있는 상태입니다. 어머니가 저녁 때 집에 들르라는 결정을 하고 며느리에게 통보하는 겁니다.

다음은 어떤가요?

'아가, 오늘 퇴근하고 혹시 집에 들렀다 갈 수 있니?'

이 경우는 결정권을 며느리에게 넘겨주는 겁니다.

며느리가 퇴근 후에 들를 수도 있고, 못 들를 수도 있습니다. 이런 경우 혹 며느리가 '어머니 저 도무지 시간이 안 될 것 같아요'라고 대답하면 민수 어머니 어떻게 하시겠어요?"

"그야, 시간이 안 된다는데 어떻게 하겠어요. 받아들여야지요."

"그 말 듣고 기분 상하진 않으시겠어요?"

"기분이 좋기야 하겠어요. 하지만 그것을 받아들일 준비를 해야지요."

"이번에는 아버님께 묻습니다. 민수가 아이를 낳아서 중학생이 되었습니다. 민수 내외가 아들을 유학 보내기로 했습니다. 그때 혹 아버님이 이렇게 말할 수 있습니다.

'네 아들 유학 보내는 것은 안 된다. 모름지기 대한민국 백성은 대한민국 교육을 받아야 한다.'

이 경우, 결정권은 누구에게 있나요?

또 이렇게 말씀하실 수 있습니다.

'아들 유학 보내는 것, 깊이 생각하고 해라. 내 생각에는 우리나라 대학을 나오는 것이 좋을 것 같다만, 결정은 너희가 해라.'

자녀를 결혼시킨 후에 보면 사소한 것 같은 일들 속에도 결정권이 문제가 되는 경우가 많습니다. 자녀를 결혼시킨 후에도 여전히 결정권을 갖고 있는 부모와 그 결정권을 가져가려는 자녀 사이에 일어나는 갈등이 많습니다. 그러나 많은 경우 갈등의 원인을 모른 채 갈등하며 힘든 시간을 보냅니다.

병도 원인을 알면 치료하기 쉽습니다.

고부간의 갈등, 장모와 사위와의 갈등의 원인이 의외로 결정권의 문제인 경우가 많습니다. 자녀를 결혼시킨 후에는 자녀들과 관련된 일에는 항상 '나는 결정권자가 아니다' 라고 자신에게 이야기해 주어야 합니다. 자녀에게도 이야기해 주어야 합니다.

'결정은 너희들이 해라.' 신랑과 신부 부모님 모두 그렇게 해 주셔야 합니다. 결혼식 때만이 아니라 평생을 그렇게 해야 합니다."

선교사님에게 설교를 하는 것 같아 송구한 마음이 들었다.

"민수 부모님은 제가 담임목사라 제가 설교를 해도 되겠지만, 선교사님은 제 설교를 들으러 오신 게 아닐 텐데 목사이다 보니 자동으로 설교 모드로 돌아갑니다. 양해 바랍니다."

"무슨 말씀을요, 목사님. 저도 목사지만 오늘 목사님을 만나 이런 시간을 갖는 게 얼마나 감사한지 모르겠습니다.

저도 이 본문을 수없이 많이 보았지만 결정권이란 관점에서는 보지 못했습니다. 저희 내외는 딸이 시집가서 이루게 될 가정의 결정권자가 아님을 명심하겠습니다.

오늘 목사님 말씀을 듣고 보니 목사님에게 말씀으로 양육받은 사위를 얻게 된 것이 무척 기쁩니다."

수현 부모님이 별 말을 안 하고 있어서 내심 부담되었었는데 이 말에 내 마음이 한결 가벼워졌다.

결정권 넘기기 연습

자녀를 결혼시켜 놓고 우울한 날을 보내는 부모들이 있다.

며느리에게 혹은 사위에게 아들 혹은 딸을 **빼앗겼다**고 생각하기도 한다. '내가 저를 어떻게 키웠는데 결혼하자마자 제 마누라밖에 모른다'고 서운해하는 부모도 있다. 떠나보낼 준비를 전혀 하지 않았는데 자녀들이 떠나가는 것에 대한 서운함 때문이다.

떠나보내는 것도 준비가 필요하다. 자녀를 양육하면서 그 자녀가 자라감에 따라 점진적으로 결정권을 넘겨주는 훈련을 해야 한다.

이것은 부모를 위해서도 자녀를 위해서도 필요한 일이다.

자녀들에게 일정 부분의 결정권을 위임해 준 다음에 그 결정권을 사용하는 것을 보고 그 결정권을 다시 거두어들일 것인지, 아니면 좀 더 내어줄 것인지를 결정해야 한다.

이 과정은 결혼 전에 거쳐야 한다. 자녀가 결혼할 때는 결정권을 다 내 주어야 한다.

이런 과정을 거쳐야 자녀가 결혼할 때 한꺼번에 결정권을 내어 주는 과정에서 부모나 자녀가 받는 충격이 완화될 수 있다.

결정권을 넘겨주면 허전하다.

교회를 담임하다 은퇴하면서 후임목사에게 담임목사직만 물려주고 결정권은 물려주지 않는 경우도 있다. 허전하기 때문이다. 그러나 결정권을 넘겨주지 않으면 부모나 자녀가 다 고통스러운 것처럼 후임목사에게 결정권을 넘겨주지 않으면 원로목사나 담임목사뿐 아니라 교인들도 고통스럽다.

결정권자가 참고인이 되는 날, 그 날이 자녀 결혼식 날이다.

그날이 담임목사직을 내려놓고 원로목사로 취임하는 날이다.

"이제 양가 부모님들은 이 두 사람이 결혼한 후에 스스로 본인들이 결정한다 해도 서운하게 생각하면 안 됩니다.

'아니, 나하고 의논도 안 하고 그런 일을 했단 말이야?'

'차를 사면서 나하고 의논도 안 해?'

이러면 안 됩니다. 이것은 정상입니다. 아주 지극히 정상입니다.

양가 부모님들께서는 이 두 사람이 결혼 후에 본인들이 스스로 결정하면 잘했다고 박수를 치며 격려해 주세요. 혹시 어떤 일을 부모님과 상의하거든 부모님들의 의견은 제시해 주세요. 그런 후에 끝에 한마디는 꼭 덧붙여 주세요.

민수 부모님은 '내 의견 참고해서 네 처와 상의해서 잘 결정해라' 수현 자매 부모님은 '내 의견 참고하되 네 남편의 결정대로 따르도록 해라' 이렇게요. 부모님들이 이렇게 해 주면 빠른 시간 안에 두 사람은 든든한 한 가정을 이룰 것입니다."

"네, 알겠습니다."

"아직 자녀들을 결혼시키지 않은 상태니 결혼 전까지 결정권 행사 많이 하세요. (웃음)

민수와 수현 자매 결혼은 누가 결정한 일인가요? 혹시 본인들만의 결정이라면 지금이라도 부모님들이 결정권을 행사하세요. (웃음)"

마지막 결정권

부모가 자녀에게 갖는 마지막 결정권이 자녀의 결혼에 대한 결정이다.

우리는 이것을 부모에게 결혼을 허락받는다고 표현한다. 어떤 부모는 '저희들 좋다는 것을 부모가 어떻게 말려요?' 하면서 이 결정권을 포기하는 경우도 있다.

아니다. 자녀들은 결혼에 대한 결정권이 부모에게 있음을 인정하고 이삭이 그 아버지 아브라함의 결정을 따랐던 것처럼 그 결정에 순종해야 한다.

부모의 결정이 없다면, 다시 말해서 부모가 허락하지 않는다면 허락할 때까지 기다려야 한다. 그래도 허락하지 않으면 부모님 결정을 따라야 한다.

교제하고 있는 사람이 하나님이 자신을 위해 짝지어 주신 배우자라면 하나님께서 부모님들에게도 기쁨으로 허락하도록 하실 것이다. 결혼에 대해 부모의 결정을 따르지 않고 자신이 결정권을 행사하고 후회하는 사람들이 많다.

개중에 그렇지 않은 경우도 몇 있지만 그것을 보편화해서는 안 된다.

"이 두 사람이 결혼하게 될 때 부모님들은 결정권을 넘겨주었는데 형제들이 결정권을 넘겨주지 않고 행사하는 경우도 있습니다. 양가에는 그런 형제들 없지요? (웃음)"

결혼 후에 누나가 결정권을 행사하는 것으로 인해 고통을 겪는 경우도 있다.

"민수 그리고 수현 자매, 이제 두 사람은 곧 부모님에게서 결정권을 가지고 오게 될 것입니다. 결정권자가 될 것입니다.

그런데 여기서 분명히 정리하고 지나가야 할 일이 하나 있어요. 두 사람은 두 사람이 새로 이루게 되는 가정의 결정권자이지 아버지와 어머니, 그리고 형제들이 살고 있는 기존 가정의 결정권자가 되는 것은 아닙니다.

간혹 결정권자가 된다는 것을 오해해서 결혼 후에 아버지와 어머니의 결정권자가 된 것으로 잘못 아는 경우가 있습니다. 아버지, 어머니, 그리고 형제들의 집안일에 대해서 두 사람은 결정권자가 아닙니다.

두 사람이 결혼해도 기존 집안의 결정권은 여전히 아버지에게 있습니다.

두 사람, 부모님들의 이 결정권을 결혼 후에도 인정하고 존중할 것입니까?"

"네."

두 사람은 당연한 사실을 왜 이렇게 강조하는지 의아해하는 것 같다. 자녀가 결혼한 후에도 그 집안의 결정권은 여전히 부모에게 있다. 재산권도 마찬가지다. 부모가 재산을 사회에 환원할 수도 있고, 장학재단을 설립할 수도 있고, 자녀들에게 유산으로 물려줄 수도 있다.

그 결정권은 부모에게 있다.

결혼한 자녀의 결정권을 부모가 인정해 줘야 하는 것처럼 결혼한 자녀가 집안일에 대한 부모의 고유 결정권을 인정해야 한다. 결혼하면 장남이 그 집안의 결정권자가 되는 것이 아니다. 아버지가 여전히 그 집안의 결정권자이다. 아버지가 안 계시면 어머니가 결정권자이다.

결혼한 장남은 새로 이룬 자신의 가정의 결정권자일 뿐이다.

자녀가 결혼할 때 결정권을 넘겨주는 것은 부모가 갖고 있는 결정권 모두를 자녀에게 이양해 주는 것이 아니다. 결혼하는 그 자녀에 대해 갖고 있던 결정권을 새로 가정을 이룬 그 자녀에게 이양하는 것이다.

"두 사람, 축하합니다.

부모님들이 떠나보내 주시겠다니 얼마나 기쁜 일입니까? 두 사람에게 결정권을 내어 주시겠다고 하니 말입니다."

양가 중에 한 쪽이 신앙을 갖고 있지 않았다면 이 공부가 원만하게 진행되기는 쉽지 않았을 것이다. 양가 모두 성경이 하나님의 말씀이요, 신앙과 생활의 유일한 법칙임을 인정하기 때문에 가능했다.

결혼식, 부모 공경의 출발점

"두 사람, 결혼 후에 잘되기를 원하지요? 이제 그 길을 일러 주려고 합니다. 성경을 함께 볼까요. 에베소서 6장 1절부터 3절까지입니다.

> 자녀들아 너희 부모를 주 안에서 순종하라 이것이 옳으니라
> 네 아버지와 어머니를 공경하라 이것이 약속 있는 첫 계명이니
> 이는 네가 잘되고 땅에서 장수하리라

하나님께서 자녀들에게 주신 계명은 크게 두 가지입니다. 하나는 '부모

에게 순종하라' 또 하나는 '부모를 공경하라' 입니다.

우리는 부모님에게 순종하며 자랐습니다. 그런 우리가 결혼을 통해 결정권자가 됩니다.

부모를 떠나라는 말을 결혼 후에는 부모를 돌아보지 않아도 된다고 오해해서는 안 됩니다. 하나님의 기본 디자인은 자녀들이 어렸을 때는 부모가 자녀를 양육하고 자녀들이 장성하면 자녀들이 연로한 부모를 부양하는 것입니다.

결혼 전에도 부모를 공경해야 하겠지만 결혼 후에는 더욱 부모님을 공경해야 합니다. 부모님의 말씀에 순종하면서 잘 자라 결혼한 자녀들은 이제 그 부모님을 본격적으로 공경해야 하는 것입니다.

'공경하라'는 단어는 신약성경을 기록한 헬라어로 '티마오' 입니다. '티마오' 의 명사형인 '티메' 는 대체로 '가치, 평가액, 존경, 값'을 의미합니다. 이 단어는 재정적으로 값을 정하고 평가하거나 과세하는 일에 대해 사용됩니다.

동사형인 '티마오' 안에는 '존경하다, 돈으로 경의를 표하다, 보상하다' 라는 의미가 있습니다. 우리는 이 단어 속에 담긴 의미를 통해 부모 공경을 어떻게 할 것인지를 지금부터 공부하려고 합니다.

수현 자매, 부모 공경은 어떻게 하는 거예요? 한 가지만 대답해 줄래요?"

"부모를 공경하는 것은 곧, 부모님을 존경하는 것입니다."

"와, 잘했어요. 선교사님이 딸을 잘 키우셨네요.

그래요. 공경은 존경하는 겁니다. 귀하게 여기는 게 존경하는 것입니다.

두 사람, 부모님을 귀하게 여겨야 합니다.

마음으로 몸으로 태도로 부모님을 존경하세요. 귀하게 여기세요.

부모님을 존경하기 위해서는 부모님에 대해 좋은 마음을 가져야 합니다. 좋은 마음을 갖지 않고는 좋게 대할 수 없습니다. 그러기 위해서는 혹시라도 부모님과 맺힌 것이 있다면 그것을 풀어야 합니다. 두 사람 혹시라도 부모님에 대해 섭섭한 것, 서운한 것, 맺힌 것이 있으면 결혼 전에 다 풀기를 바랍니다.

지난주에 내가 쓴 『관계행복』에 있는 '아버지와 풀어야 인생이 풀립니다'를 읽어 오라고 했지요?"

민수가 가방에서 『관계행복』을 꺼냈다.

"목사님, 저는 그 글이 제게 절규처럼 들렸어요. 마치 낭떠러지가 있는데 그것을 알지 못하고 그리로 가고 있는 사람을 향한 절규같이 들렸습니다."

"그 정도로 강했나?"

"목사님, 제게는 강한 울림으로 다가왔습니다."

수현 자매가 민수 말을 이어 받았다.

"그 글을 읽고 생각해 보았어요. 나는 부모님과 맺힌 것이 없나 찾아보았어요. 선교사 딸이 부모와 맺힌 것이 있어서는 안 된다는 생각으로 늘 나는 그런 것 없다고 생각했습니다. 그런데 가만 생각해 보니 저도 부모님들을 이해는 하면서도 서운한 마음을 갖고 있는 게 있었습니다.

지난번에 민수 씨가 선교사 할까 봐 그 항목을 체크하지 못한 그 속에도 부모님들이 저를 잘 돌봐 주지 않았다는 서운함이 들어 있었던 것을 깨달

앉습니다.

　부모와 막히면 다른 사람과도 막힌다는 말에 많은 공감을 했습니다. 그 글에서 목사님이 처방해 주신 대로 부모님과 며칠 전 시간을 가졌습니다."

　"아, 그랬군요. 수현 자매, 잘했어요."

　"며칠 전 딸이 숙제를 해야 한다면서 밥을 먹자고 했습니다. 오늘 와서 그것이 어떤 숙제였는지 알았습니다. 그날 딸과 참 많은 이야기를 했습니다.

　늘 미안한 마음을 마음에 담고만 살았는데 그날 딸에게 미안하다는 말을 하고 나니 훨씬 마음이 가벼워졌습니다. 저는 처음 목회를 배울 때 주의 종의 길을 가는 사람은 오직 목회에만 전념해야 한다고 배웠습니다. 이것이 선교사로 나가면서도 여전한 제 생각이었습니다.

　그러다 보니 아내나 자녀들은 늘 뒷전이었습니다. 저는 그렇게 하는 것이 충성이라고 생각했습니다.

　그러다 몇 년 전 안식년 때 동료 선교사님 아들 결혼식에 참석했다 깜짝 놀랐습니다. 그날 주례를 하신 목사님은 이름만 대면 다 아는 분입니다. 많은 사람들의 존경을 받는 어른입니다. 그런데 그 분이 주례 중에 제가 목회를 배울 때 그랬던 것처럼 그 분도 가정을 뒷전에 두는 우를 범했다고 하면서, 목회자의 길을 갈 선교사님 아들에게 가정에 충실하라고 권면을 해 주셨습니다.

　나중에 들으니 그 분이 아들과의 관계가 많이 힘들었다고 하네요. 그 아들도 지금 나이가 많이 들었는데 아주 어렵게 화해를 했다는 이야기를 들었습니다.

그 후 저도 가정과 자녀들에게 관심을 좀 갖기 시작했는데 그때는 이미 수현이가 제 곁을 떠난 상태였습니다. 그동안 수현이에게 많이 미안했습니다. 이번에 제가 딸에게 이 아비를 용서해 달라고 했습니다.

그런 제게 오히려 딸이 자기를 용서해 달라고 하더군요. 밥을 먹다가 수현이를 안고 많이 울었습니다. 그래도 우리 수현이가 잘 자라 주어서 얼마나 감사하던지요."

수현이 아버지 눈에서 금방이라도 눈물이 쏟아질 것 같았다.

"민수, 우리 수현이 잘 부탁하네. 부모에게 사랑 받지 못한 것까지 자네가 사랑해 주게나."

"네, 아버님…."

진도를 계속 나가는 것이 분위기를 바꾸는 한 방법이란 생각이 들었다.

허물을 덮는 것도 공경이다

"부모를 존경하는 소극적인 방법은 부모의 허물을 덮는 것입니다. 우리가 앞에서 같이 공부한 대로 사람은 연약함이 있습니다. 부족함이 있습니다. 허물이 있습니다. 우리 아버지와 어머니도 마찬가지입니다.

우리가 부모님과 함께 살았기 때문에 누구보다 우리 부모님의 연약함과 부족함, 그리고 허물을 더 잘 알아요. 부모의 허물을 덮는 것은 자녀 된 우리의 사명입니다.

가끔은 간증이란 형식을 빌려 부모의 허물을 드러내는 경우가 있습니다. 부모의 허물을 드러내야만 간증이 된다면 차라리 간증하지 마세요.

부부지간이라 할지라도 부모님의 허물은 서로 덮어야 합니다. 그것을 두 사람이 혹 알게 되었다면 두 사람이 함께 덮어야 합니다. 부모의 허물을 덮는 자가 복이 있습니다. 부모의 허물을 덮는 것이 부모 공경입니다.

수현 자매가 한 번 읽어 줄래요. 창세기 9장 18절부터 23절입니다."

방주에서 나온 노아의 아들들은 셈과 함과 야벳이며 함은 가나안의 아비라 노아의 이 세 아들로 좇아 백성이 온 땅에 퍼지니라
노아가 농업을 시작하여 포도나무를 심었더니 포도주를 마시고 취하여 그 장막 안에서 벌거벗은지라
가나안의 아비 함이 그 아비의 하체를 보고 밖으로 나가서 두 형제에게 고하매 셈과 야벳이 옷을 취하여 자기들의 어깨에 메고 뒷걸음쳐 들어가서 아비의 하체에 덮었으며 그들이 얼굴을 돌이키고 그 아비의 하체를 보지 아니하였더라
노아가 술이 깨어 그 작은 아들이 자기에게 행한 일을 알고 이에 가로되 가나안은 저주를 받아 그 형제의 종들의 종이 되기를 원하노라
또 가로되 셈의 하나님 여호와를 찬송하리로다 가나안은 셈의 종이 되고 하나님이 야벳을 창대케 하사 셈의 장막에 거하게 하시고 가나안은 그의 종이 되게 하시기를 원하노라 하였더라

"이 말씀은 잘 아는 말씀이지요? 홍수 후 노아가 방주에서 나온 뒤에 있

었던 일입니다.

아버지 노아가 술을 마시고 취해서 장막 안에서 벌거벗고 누웠습니다. 이것은 허물입니다. 허물도 큰 허물입니다.

노아는 자녀가 셋입니다. 세 자녀가 이 아버지의 허물을 보고 어떻게 했는지 본문에 나옵니다. 함은 그 아버지의 허물을 보고 밖으로 나가서 그의 두 형제에게 알렸습니다. 그랬더니 셈과 야벳이 옷을 가져다가 자기들의 어깨에 메고 뒷걸음쳐 들어가서 아버지의 하체를 덮었습니다.

이 일로 셈과 야벳은 축복을 받고 함은 저주를 받았습니다. 부모의 허물을 덮은 자녀들이 잘됐습니다. 성경의 약속대로입니다.

'네 아버지와 어머니를 공경하라 그리하면 네가 잘되고 땅에서 장수하리라'

이 말씀을 이렇게 바꾸어 적용할 수 있습니다.

'네 아버지와 어머니의 허물을 덮으라 그리하면 네가 잘되고 땅에서 장수하리라'

함은 없는 사실을 말한 게 아닙니다. 있는 사실 그대로를 말했습니다. 그러나 그것이 사실이라 할지라도 부모의 허물일 때는 가려야 합니다. 덮어야 합니다.

부모를 존경하는 소극적인 방법이 부모의 허물을 덮는 것이라면 적극적인 방법은 부모의 좋은 점을 기회 있는 대로 말하는 겁니다.

두 사람 사이에도 마찬가지입니다.

함이 동네 사람들에게 아버지의 허물을 말한 것이 아닙니다. 형제들에게 말한 겁니다. 가까운 사이를 다른 사람의 허물을 부담 없이 주고받는 사이라고 오해해서는 안 됩니다. 가까운 사이일수록 더욱 다른 사람에 대해 좋은 말을 해야 합니다.

부부가 마주 앉아 부모님들의 허물을 그야말로 허물없이 말해서는 안 됩니다. 다른 사람의 허물도 마찬가지입니다.

두 사람이 때마다 양가 부모님들에 대해 좋은 점들, 좋은 추억들을 서로 많이 나누세요. 다른 사람들 앞에서도 마찬가지입니다. 부모의 허물은 덮고 좋은 점은 드러내는 것이 존경입니다. 이것이 부모 공경입니다."

부모 공경은 돈으로 한다

"'공경하라(티마오)'는 단어 속에 '돈으로 경의를 표하다, 보상하다'라는 의미가 있다고 했지요? 답을 가르쳐 주고 묻는 겁니다. 부모 공경은 어떻게 합니까?"

"네, 부모님에게 돈을 드리는 것이 부모 공경입니다."

민수가 대답했다.

"네, 참 잘했어요. 부모 공경을 마음으로 하는 것으로 생각하는 사람들이 많습니다.

맞습니다. 마음으로 하는 것입니다. 그러나 마음으로만 하면 안 됩니다.

말과 행동이 따라야 합니다. 그리고 돈을 드려야 합니다. 부모 공경의 완성은 돈을 드리는 것입니다.

공경이란 단어의 뜻만 가지고 이야기를 하면 근거가 조금 약할 수 있습니다.

우리 성경을 함께 볼까요? 마가복음 7장 8절부터 14절까지 말씀입니다."

> 너희가 하나님의 계명은 버리고 사람의 유전을 지키느니라
> 또 가라사대 너희가 너희 유전을 지키려고 하나님의 계명을 잘 저버리는도다
> 모세는 네 부모를 공경하라 하고 또 아비나 어미를 훼방하는 자는 반드시 죽으리라 하였거늘
> 너희는 가로되 사람이 아비에게나 어미에게나 말하기를 내가 드려 유익하게 할 것이 고르반 곧 하나님께 드림이 되었다고 하기만 하면 그만이라 하고
> 제 아비나 어미에게 다시 아무것이라도 하여 드리기를 허하지 아니하여
> 너희의 전한 유전으로 하나님의 말씀을 폐하며 또 이같은 일을 많이 행하느니라 하시고 무리를 다시 불러 이르시되 너희는 다 내 말을 듣고 깨달으라

이 말씀은 예수님이 바리새인과 서기관들 몇 사람에게 한 말씀 중 일부다. 이 사람들은 마땅히 부모에게 드려야 할 돈을 전혀 드리지 않으면서 고르반, 곧 하나님께 드림이 되었다고 핑계를 댔다. 예수님은 그들에게 "모세가 네 부모를 공경하라고 했는데 너희는 하지 않고 있다"고 책망하셨다.

뒤에 나오는 내용과 연관해서 보면 예수님의 말씀은 "네 부모에게 돈을 드리라고 했는데 너희는 고르반을 핑계로 부모에게 아무 돈도 드리지 않았

다"고 책망하신 것이다.

"민수와 수현 자매, 두 사람은 부모를 공경하는 것이 부모에게 돈을 드리는 것이란 사실이 성경이 가르치는 진리임을 믿지요?"
"네, 목사님."
거의 동시에 두 사람이 고개까지 끄덕였다.

나는 주례사 말미에 대체로 이 질문을 한다.
신랑 신부가 잘되기를 소망하는 마음으로 성경이 가르쳐 주는 확실하게 잘되는 길을 가르쳐 준다.
"부모 공경은 무엇으로 하지요?"
우리 교회 안에서 자란 청년들이나 결혼공부를 한 신랑과 신부는 대부분 돈이라고 대답한다. 대답 소리가 작아 대부분 신랑 신부 바로 앞에서 주례를 하고 있는 내게만 들린다.
신랑 신부의 이 대답을 나는 마이크를 통해 하객들에게 전해 준다.
"신랑 신부가 공경은 돈으로 한다고 했습니다."
이 말을 들은 하객들 사이에서 폭소가 터진다.
"민수, 내가 주례하는 결혼식에 참석해 봤지?"
"네, 여러 번 갔습니다."
"그럼, 이 다음에 나오는 내용이 뭐지?"
"네, 통장에서 양가 부모님에게 자동이체 걸라는 말씀을 하십니다. (웃음)"

"이것은 두 사람에게도 그대로 적용되는 것 알지요? 그래요. 매달 양가 부모님께 돈을 드리세요. 매달 가져다 드리는 것도 좋은 방법이지만 통장에서 양가 부모님께 자동이체를 거는 것도 좋은 방법입니다.

처음부터 무리해서 많이 책정하진 마세요. 형편껏 보내요. 아직은 부모님들이 생활을 할 수 있는 상태니 용돈이라고 생각하고 보내세요. 그리고 기도하세요.

'하나님, 매년 부모님들에게 드리는 돈을 늘려 주세요.'

나중에는 두 사람이 양가 부모님에게 충분한 생활비를 드릴 수 있기를 축복합니다."

"아멘."

"민수 부모님과 수현 자매 부모님께서도 자녀들이 잘되는 일에 협력해 주시기 바랍니다.

'우리는 됐다. 너희들이나 잘살라' 고 하는 부모도 있습니다.

이렇게 하는 부모의 마음도 이해가 됩니다만 받아서 보태 다시 주더라도 일단 받으시기 바랍니다.

성경은 진리입니다. 부모를 공경하는 자는 잘되고 땅에서 장수한다고 성경은 분명히 증거하고 있습니다. 자녀가 잘되기 위해서도 부모님들이 받아야 합니다. 받고 마음껏 자녀들을 위해 축복해 주세요."

"네, 알겠습니다. 주는 대로 받겠습니다. (웃음)"

"공경의 결정도 자녀들이 할 수 있게 해 주세요. 부모님들이 한 달에 얼마 보내라고 결정해서 통보하진 마세요. (웃음)"

두 사람에게 다음 주 준비물을 알려 줬다.

"다음 주에는 두 사람만 오면 돼요. 수현 자매, 무슨 색 좋아해요?"

"네, 핑크색이요."

"민수는?"

"저는 하늘색이요."

"다음 주에 올 때는 본인들이 좋아하는 색종이 세 장씩 가지고 와요. 사이즈는 A4면 돼요."

두 사람은 왜 그것을 준비해야 하는지 묻지 않았다.

엘리베이터 앞까지 나가 양가 어른들을 배웅했다.

study 5

연합 배우기 1
_ 결혼, 남편과 아내의 연합

이러므로 남자가 부모를 떠나 그 아내와 연합하여
둘이 한 몸을 이룰지로다 (창 2:24).

Marriage Guidebook

나는 강력접착제를 준비했다.

다리미도 준비했다. 오늘 공부 중에 시청각 자료를 사용하기 위한 보조 자료들이다.

결혼공부를 한 주 건너뛰었다.

지난주에 재난이 발생해서 구호하러 현장에 출동하느라고 부득이 한 주 연기했다.

결혼주례를 하기로 약속할 때도 재난이 나서 구호를 하기 위해 출동하면 주례는 다른 목사님이 하는 걸 전제로 한다. 그렇다고 진도를 건너뛰지는 않았다. 대신 공부 기간이 한 주 늘어났다.

오늘도 여전한 모습으로 민수와 수현 자매가 내 방으로 들어왔다.

두 사람은 미소가 닮았다. 결혼하면 닮는다는데 이 사람들은 결혼 전부터 닮았다. 그리고 보니 그 미소는 나와도 닮았다. 그렇구나. 이 미소가 예수님을 마음에 모신 사람들에게 있는 공통적인 미소구나.

오늘은 스리랑카 선교사가 가져다준 홍차를 준비했다.

선교사에게 배운 대로 타 보았지만 그 맛이 나지는 않았다.

홍차 색을 먹고 싶어 투명 유리잔에 따랐다.

"목사님이 직접 타 주신 차를 마시게 되어 영광입니다."

"나는 그대들과 결혼공부를 하는 게 영광인데…. (웃음)"

차 이야기를 한참 했다.

책장 한 칸에 있는 성도들이 하나 둘 가져다준 여러 종류의 차가 화제를 이끌었다.

"교제는 감정을 살려서 해야 하는데 결혼공부 하느라고 두 사람 다 너무 이성적이 되는 건 아닌가요? (웃음)"

"아니에요. 회사에서도 매일 만나는걸요."

"회사에서 만나는 것 하고는 다르지. 결혼공부만 하지 말고 아름다운 추억도 만들면서 교제하도록 해요.

지난주에는 내 사정으로 공부를 못했으니 두 사람도 사정이 생기면 얘기해요. 한 주는 빼 줄 테니…. (웃음)"

남편, 아내와 연합하기

"오늘도 여전히 우리는 성경을 통해 결혼을 배울 거예요.
결혼의 정의, 이제는 다 외웠지요?"

이러므로 남자가 부모를 떠나 그 아내와 연합하여 한 몸을 이룰지로다

"지난주에 우리는 부모를 떠나는 것을 같이 공부했지요? 두 사람 부모님들께서도 두 사람을 떠나보내 주겠다고 하셨으니 이제 우리는 그 다음 단계를 공부합니다.

이제 두 사람은 곧 부모를 떠날 겁니다.

부모를 떠나서 어디로 갈 것입니까? 민수가 부모를 떠나 수현 자매네 집으로 가는 것이 아닙니다. 수현 자매가 부모를 떠나 민수네 집으로 가는 것도 아닙니다.

부모를 떠나온 두 사람이 이제 새로운 한 가정을 만듭니다."

가정의 가장 기본 단위는 남편과 아내다. 그들이 결혼해 살면서 아이를 낳는다. 그 아이가 자라 결혼하면 또 하나의 새로운 가정이 생긴다. 이 과정은 주님 오시는 그날까지 이어질 것이다.

"사람이 부모를 떠나, 그 다음이 뭐지요?"
"그 아내와 연합하여 한 몸을 이루는 것입니다."
"그래요. 부모를 떠나온 두 사람이 이제 해야 할 일은 연합하는 겁니다. 연합을 해야 한 몸을 이룰 수 있습니다. 오늘은 연합하는 것에 대해 공부할 것입니다."
"네."
"연합, 이 단어는 성경에 참 많이 나오는 단어입니다. 신랑 되신 예수님과 그의 신부 된 우리와의 연합이 대표적입니다. 예수님과 우리가 연합한 상태가 곧 믿음입니다."

두 사람이 노트를 준비했다.

필기가 필요한 순간임을 몇 번의 공부를 통해 알게 된 것 같다.

연합, 뼈와 살이 붙다

"'연합하다'는 창세기에서 '다바크'란 단어로 쓰였습니다.

구약성경을 기록한 히브리어인 이 '다바크'는 물질이 '서로 달라붙는다'는 뜻으로 구약에서 매우 자주 사용됩니다. 특히 신체의 부분이 달라붙어 있는 것을 가리킬 때 자주 사용됩니다.

욥이 자신의 뼈와 살이 붙었다고 할 때 이 단어가 쓰였습니다.

악어에 관한 묘사에서, 하나님은 파충류의 껍질 또는 뱀의 비늘 조각들을 언급하시면서 '그 살의 조각들이 서로 연하고'라고 말씀하실 때 이 단어를 사용하셨습니다.

시편에서는 '나의 살이 뼈에 붙었나이다'라고 할 때 '다바크'가 쓰였습니다.

또한 이 단어는 사랑과 충성으로 어떤 사람에게 달라붙는다는 뜻을 가지고 있습니다.

사람에게만 아니라 하나님의 복이 이스라엘에게 함께하기를 원한다면 그들은 사랑과 충성을 가지고 하나님께 결합해야 한다는 것을 이 단어가 가르쳐 줍니다.

예레미야 13장 11절에서 하나님께서는 이스라엘이 그에게 속하도록 하셨다고 말씀하시며 이 단어를 사용하셨습니다.

히스기야는 그가 하나님께 속하였기 때문에 인정을 받았다고 언급하면서 이 단어를 사용했습니다.

이 단어는 또한 '어떤 사람과 가까운 관계를 유지하다'는 뜻이 있습니다.

이것은 하나님의 백성이 하나님께 가까이 해야 한다고 충고할 때에도 사용되었습니다.

성경이 구약은 히브리어로 신약은 헬라어로 기록되어 있는 것은 알고 있지요?

창세기 2장 24절을 인용한 에베소서 5장 31절에 사용된 '연합하다'는 '프로스콜라오마이' 입니다. 이 단어는 부부의 결합을 의미하며 특수한 의미는 성관계를 갖는 것입니다."

두 사람은 부지런히 받아 적었다.

"어려우면 얘기해요. 얼마든지 조절이 가능하니까. 그래도 두 사람 복잡해할까 봐 참고 성경구절이나 문헌은 다 생략한 겁니다."

"괜찮아요. 목사님, 이 고개만 넘으면 되는 걸 아니까 즐거워요. (웃음)"

단어 공부를 통해서 연합하는 것의 의미를 정리해 보면 다음과 같다.

둘이 딱 달라붙어 있는 상태가 연합이다. 살이 뼈에 붙은 상태가 곧 연합이다. "너희가 내 안에, 내 말이 너희 안에 거하는" 상태가 연합이다. 예수님과 연합한 것을 예수님에게 속했다고 표현하기도 한다.

즉, 연합을 하면 우리는 연합한 대상에게 속한 사람이 된다. 연합과 결합은 같은 말이다. 연합은 어떤 사람과 가까운 관계를 유지하는 것이다. 연합이 성관계를 가리키기도 한다.

"연합하는 것은 쉽게 말하면 합치는 것입니다. 이제 곧 두 사람이 부모를 떠나면 두 사람은 합쳐야 합니다. 부분적으로 합치는 것이 아니라 전부를 합쳐야 합니다. 그것이 연합입니다."

색종이 붙이기

"지난번에 각자 좋아하는 색종이를 세 장씩 가지고 오라고 했지요?"

민수가 가방에서 투명 파일에 넣어온 색종이를 꺼내 놓았다.

"각자 가지고 오라고 했는데…."

"네, 각자 준비했습니다만, 수현 자매 핸드백이 작아 제 가방에 넣어왔습니다. (웃음)"

사랑하면 사람이 사려가 깊어진다.

"두 사람 각자 자기 색종이 앞면에 자기 이름을 쓰세요."

나는 강력접착제를 탁자 위에 꺼내 놓았다.

"각자 자기 이름을 쓴 이 색종이가 본인이라고 생각하세요."

나는 양 손에 두 사람의 이름이 적힌 색종이를 들고 설명을 했다.

"민수가 부모를 떠나 여기로 왔습니다."

민수 색종이를 든 손을 넓게 펼쳤다 테이블로 가져왔다.

"수현 자매가 부모를 떠나 여기로 왔습니다."

테이블 위에서 민수 색종이와 수현 자매 색종이가 만났다.

"두 사람이 보듯이 지금은 둘입니다. 이제 이 둘이 하나가 되어야 합니다. 어떻게 하면 이 둘을 하나로 만들 수 있을까요?"

"네, 둘을 붙이면 됩니다."

민수는 늘 씩씩하다.

"그래요. 정답입니다. 이 두 장의 색종이를 붙이면 둘이 하나가 됩니다. 이 둘을 붙이는 것이 바로 연합입니다.

자, 그럼 지금부터 두 사람을 합하는 의식을 거행하겠습니다. (웃음)"

테이블 밑에서 강력접착제를 꺼냈다. 두 사람에게 각각 자기 색종이에 접착제를 바르게 했다. 꼼꼼하게 골고루 바르도록 했다.

"자, 이제 두 사람 합칠 준비되었습니까?"

"네, 다 됐습니다."

"수현 자매도 민수와 연합할 준비됐어요?"

"네."

"자, 이제 두 사람을 합치도록 하겠습니다."

네 귀가 정확하게 맞도록 하기 위해 두 사람이 애를 썼다. 붙인 후에 손으로 문질렀다. 나는 준비해 두었던 신문지를 꺼내 놓고 다리미 스위치를 켰다. 내가 다리미를 꺼내자 둘 다 놀라는 표정이다.

"합칠 때 확실히 합치게 하려고…. (웃음)"

신문지를 놓고 핑크색과 하늘색 두 장의 색종이를 하나로 붙인 것을 다리미로 다렸다. 접착력을 높이기 위해서 한 일이다. 두 사람은 내가 하고 있는 일을 바라보고 있었다.

"내가 지금 두 사람 연합시키고 있는 거예요. (웃음)"

"너무 뜨거운데요. (웃음)"

유머는 때로 여유를 선물하기도 한다.

두 사람의 연합의 상징인 색종이는 빳빳한 신권같이 완성되었다. 그것을 들어 보이며 말했다.

"조금 전까지 둘이었습니다. 그러나 이제 하나가 되었습니다. 이제는 둘이 아니요 하나가 되었습니다.

한 장일 때보다 두 장을 합쳐 놓으니 어때요? 한 장일 때보다 두꺼우니 든든하기도 하고, 양쪽이 각각 다른 것이 하나가 되니 아름답잖아요?

모양 좋지요? 한 쪽은 핑크색 한 쪽은 파란색, 이리 보아도 저리 보아도 참 보기에 좋네요.

두 사람이 결혼하는 것이 바로 이런 거예요. 부모를 떠나온 두 사람이 합해서 이렇게 하나가 되는 게 결혼입니다."

"네, 목사님…. 연합하여 한 몸을 이룬다는 것이 어떤 것인지 이런 방법으로 배우니 가슴으로 쏙 들어오는데요. 목사님, 어떻게 이런 생각을 하셨어요?"

"사랑하니까 하나님이 주시던데. (웃음) 고맙네. 칭찬해 줘서."

색종이 떼기

표정 정리를 좀 했다.

손에 들고 있던 두 사람의 연합의 상징인 색종이를 두 사람에게 주면서 조금은 심각한 어조로 말을 했다.

"자, 이제 두 사람 이걸 최대한 손상시키지 말고 원상태대로 분리하도록 해요."

약간은 당황하는 표정이다.

"이걸 떼요?"

"응. 한번 해봐."

"아까운데…."

"그래도 한번 해봐요. 각각 자기 것이 최대한 손상되지 않도록 떼어 봐요."

두 사람은 워낙 공을 들여 만들어서 그런지 약간은 못마땅한 표정이다. 민수는 하늘색을, 수현 자매는 핑크색을 떼어내기 위해 애를 썼다. 두 사람이 모서리를 서로 맞잡고 떼어내기 시작했다. 그러나 이내 찢어지고 말았다. 두 사람이 안타까운 표정으로 나를 쳐다봤다. 찢어진 조각을 맞춰서라도 원상태를 만들어 보라고 했다. 강력접착제를 사용한데다 다리미로 밀착을 시켜서 그런지 두 사람의 색종이는 손톱만한 조각으로 찢어졌다. 두 사람은 그것을 테이블 한 쪽에 원래 형태로 모아 놓았다. 조각 조각난 상태로 분리작업을 마쳤다.

"어때요? 힘들지요? 힘들기도 하지만 원형대로 복원할 수가 없지요?"

나는 테이프를 각각 나눠주면서 그 조각들을 붙이도록 했다. '덕지덕지'라는 표현이 있다. 딱 그런 상태가 되었다.

나는 수현 자매가 복원한 색종이를 왼손에 들었다. 오른손에는 수현 자매가 가지고 온 원래 상태의 색종이를 들었다.

"어때요?"

"…."

두 사람 표정이 심각해졌다.

"엉망이 되죠? 일단 합한 것을 다시 분리하면 이렇게 됩니다."

오른손을 들어 보이며 물었다.

"아름답지요?"

왼손을 들어 보이며 물었다.

"어때요?"

"알겠어요, 목사님."

수현 자매는 내가 무슨 말을 하려고 하는지를 알았다.

"그래요. 연합할 때는 분리할 생각은 아예 하지 말아야 합니다. '합했다가 마음에 안 들면 그때 가서 다시 분리하면 되지 뭐' 이런 생각을 하면 안 됩니다. 연합이 깨지면 이렇게 돼요. 결혼으로 연합된 두 사람을 분리시키면 이렇게 돼요.

우리는 '다바크'란 단어 공부를 통해 결혼으로 연합한 남편과 아내는 뗄 수 없는 관계임을 배웠습니다. 살과 뼈를 뗄 수 없는 것은 그것들을 떼어 놓으면 생명력을 상실하기 때문입니다. 살과 뼈가 분리되는 순간 생명도, 힘도, 아름다움도, 모두 사라집니다.

연합했다 분리하는 것보다는 아예 연합하지 않는 것이 더 낫습니다. 그러므로 일단 연합했다면 분리하려고 해서는 안 됩니다. 연합했던 것을 다시 분리하려는 것은 어리석은 일입니다."

약간 톤을 낮추어야 할 필요성이 느껴졌다.

지금 두 사람 앞에서 하는데 주일 낮에 설교하는 톤이 되었다.

"연합한 것을 다시 분리시키는 것이 무엇이지요?"

"이…혼…."

결혼을 앞두고 생각하고도 싶지 않은 단어를 입으로 말하려고 하니 부담스러운 것 같다.

"그래요. 이혼입니다. 이혼의 비참한 결과가 '연합'이란 단어 안에 내포되어 있습니다.

성경은 '하나님이 짝지어 주신 것을 나눌 수 없다'고 선언하고 있습니다. 연합한 것을 나누면 이렇게 되기 때문입니다."

두 사람의 표정이 비장해졌다.

이혼, 또 다른 문제의 시작

"두 사람, 이제 결혼해서 살다 보면 좋은 일도 많겠지만 힘든 일도 있고 어려운 일도 있을 겁니다. 그럴 때마다 문제 해결 방안을 함께 찾아야 합니다.

이때 분명히 전제해야 할 것이 있습니다.

두 사람은 성경이 허락하는 경우가 아닌 한, 이혼을 문제 해결 방안 중 하나로 고려해서는 안 됩니다. 이혼은 문제 해결 방안이 아닙니다. 또 다른 문제의 시작일 수 있습니다.

문제가 있을 때 할 수 있는 한 이혼이 아닌 다른 방안을 찾아야 합니다."

분위기가 숙연해졌다.

"연합은 이혼으로만 깨지는 것이 아닙니다.

나와 네가 합하여 우리가 된 것이 연합입니다. 이런 가운데 내 것 네 것을 분리하고 내 것 네 것을 주장하면 연합이 깨어집니다.

우리는 이혼으로 연합을 영구히 깨뜨려서도 안 되고, 내 것을 주장함으로 연합을 깨뜨리는 일도 없어야 합니다. 이 부분은 나중에 좀 더 다룰 기회가 있을 겁니다."

이혼을 하는 사람들이 많이 늘어나고 있다. 안타까운 일이다. 이야기를 듣다 보면 안타까운 사연들이 많다. 폭행에 시달리다 어쩔 수 없이 이혼한 사람도 있다. 의처증 혹은 의부증에 시달리다 이혼한 사람도 있다. 전혀 가정을 돌아보지 않고 알코올중독자가 되어 행패를 부리는 남편을 피해 도망하듯이 이혼을 한 사람도 있다. 아내의 친구와 부적절한 관계를 맺은 남편, 직장 동료와 업무 이상의 관계를 맺은 아내와 이혼한 사람도 있다.

이혼한 사람들 중에는 성급하게 이혼했거나 너무 쉽게 이혼한 이들도 물론 있다. 하지만 이혼한 사람들 중에는 그럴 수밖에 없는 나름대로의 사연들을 안고 있는 이들도 있다.

이혼을 앞두고 마지막으로 상담을 하기 위해 목사를 찾는 이들도 있다. 이야기를 듣다 보면 때로는 의분이 일어나기도 한다. '어떻게 사람이 이럴 수 있을까?' 싶은 마음이 들 때도 있다. 당장 이혼해 버리라고 말해 주고 싶은 때도 있지만 성경이 그렇게 말씀하지 않기 때문에 그런 상황에도 성경을 펼쳐들고 이혼하지 말라고 권면한다.

이혼은 현실이다

한번은 남편의 외도 때문에 이혼을 하겠다는 자매가 찾아왔다.

그는 이혼을 해야 할 당위성을 조목조목 들어서 설명했다. 맞는 말이었다. 성경에도 배우자가 간음을 한 경우는 이혼을 허용하고 있다. 배우자가 외도를 하면 다 이혼하라는 명령이 아니라 그런 경우에는 이혼할 수 있다는 의미이다.

이 자매의 경우 이혼을 해도 윤리적으로나, 사회적으로나, 성경적으로도 문제되지는 않는다.

그 자매의 이야기를 다 들은 후에 자매에게 이 사실을 이야기해 주고 몇 가지를 물었다.

"이혼 후에는 어떻게 살 계획입니까?"

"…."

"지금 혹 직장 생활을 하고 있습니까?"

"아니요. 결혼 후에 쭉 살림만 했습니다."

"그렇다면 할 수 있는 일은 어떤 것이 있습니까?"

"별로 특별한 것은 없습니다. 그냥…."

"한 달 생활비는 얼마나 듭니까?"

"네, 4백 만 원 정도 듭니다."

"이혼을 한다면 그 후에는 한 달에 얼마 정도 생활비가 있어야 살 수 있을 것 같습니까?"

"글쎄요. 그래도 그 정도는 있어야 할 것 같습니다. 자녀들을 제가 키워야 할 것 같아서…."

"그 정도를 벌 수 있습니까?"

"…."

"아이들이 초등학생이라고 했지요? 학교에서 아이들이 아빠 없는 애라고 무시당하고 돌아오면 어떻게 하시겠어요?"

"…."

"이혼 후에 재혼을 할 생각입니까?"

"그런 생각은 안 하지만 할 수 있는 여건이 되면 하지요."

"재혼을 한다면 어떤 사람하고 하게 될 것 같나요? 초등학생 아이 둘이 있는 자매님과 결혼할 사람은 어떤 사람이라고 생각하세요?"

"…."

"지금 남편보다 나은 사람을 만나 결혼할 것 같으세요?"

"그야 어렵지요. 우리 남편이 바람을 피우긴 했지만 사회적으로나 경제적으로는 뛰어난 사람입니다."

"결혼해서 오늘까지 부부관계를 하면서 살았지요? 이혼을 한 후에 성적인 욕구가 생기면 그것은 어떻게 해결하실 계획입니까?"

"…."

"이혼녀라는 새 이름을 갖게 될 텐데, 그 이름을 수용할 준비는 됐습니까?"

"…."

"아버지 없이 자녀들을 키우는 것이 낫겠어요, 아니면 아버지가 있는 가운데 자녀들을 키우는 것이 낫겠어요?"

"…."

나는 그저 묻기만 했을 뿐인데 그 자매는 이런 걸 다 생각하면 어떻게 이혼을 할 수 있겠느냐고 하더니 이혼 안 하는 게 더 낫겠다고 자신의 입으로 말했다. 나는 남편을 용서하고 남편과 다시 한 번 시작해 보라고 권면했다.

이혼은 현실이다. 가상세계의 일이 아니다. 당장은 이혼해 버리는 것이 자존심도 살리고 상대에게 복수하는 것이라고 생각할 수 있지만 이혼하고 나면 바로 이런 문제들이 현실로 등장한다.

이혼을 안 하는 것이 가장 좋겠지만 피치 못할 사정으로 이혼을 한 사람들이 우리 주변에 있을 수 있다. 그들은 이혼 후에 이혼에 대한 후속 고통을 겪고 있을 뿐 아니라, 이혼한 사람에 대한 주위의 시선으로 인해 이중적인 고통을 겪고 있을 수도 있다. 죄 중에는 이혼한 죄도 있다. 물론 성경이 허락한 이혼의 경우는 죄가 되지 않는다.

이혼한 죄도 회개하면 하나님은 용서해 주신다.

우리 주변에 있는 이혼한 이들 중에는 이혼 후에 그 죄를 하나님께 고하고 용서받은 사람들도 있을 것이다. 그렇다면 우리가 그들을 정죄해서는 안 된다. 하나님께서 용서하신 것처럼 우리도 용서하고 따뜻한 마음과 시선으로 그들을 대해야 한다. 정죄하는 마음이 아닌 긍휼한 마음으로 그들이 다시 새 삶을 살 수 있도록 보살펴 주어야 한다.

이혼을 했다고 해서 인생이 마치 끝난 것처럼 간주해서는 안 된다. 이혼하려고 하는 사람에게는 이혼하지 말라고, 이혼의 비참함을 전해 주면서 만류해야 한다.

그러나 그럼에도 이혼을 했다면, 그것을 다시 되돌릴 수 없다면, 그가 그 상황을 극복하고 다시 일어날 수 있도록 도와주어야 한다. 하나님은 이혼했다고 그 사람을 버리지 않으신다.

예수 안에서는 누구든 다시 시작할 수 있다.

연합의 재료, 사랑

두 사람에게 세 장의 색종이 중 나머지 두 장에 각각 자기 이름을 쓰게 했다. 날짜도 쓰도록 했다. 그리고 앞서 했던 작업을 다시 했다. 연합의 상징인 색종이가 두 장 만들어졌다.

"오늘 이것을 두 사람에게 선물로 줍니다. 각각 가지고 가서 잘 보관하세요. 결혼해서 살다 보면 이것이 큰 도움이 될 겁니다.

두 사람의 연합을 미리 축하합니다. 내가 축복하며 기도해 주고 싶네요."

두 사람으로 하여금 각각 연합의 상징인 색종이를 들게 하고 안수하며 기도했다.

이 연합이 주님 나라 가는 그날까지 영원하기를 주님께 구했다.

공부 중에 기도하는 일이 흔한 일은 아닌데 축복하고 싶은 감동이 임해 그대로 했다.

"연합한다는 것은 합치는 것이지요?

둘을 하나로 합치기 위해서는 풀이 필요합니다. 접착제가 필요합니다. 우리가 색종이를 붙이기 위해 사용했던 것은 강력접착제입니다.

그렇다고 두 사람을 이 강력접착제로 붙일 수는 없습니다. 그렇다면 두 사람을 붙여 줄 접착제는 무엇일까요?

우리는 앞에서 단어 공부를 했지요? '연합한다'는 단어는 사랑과 충성으로 어떤 사람에게 달라붙는다는 뜻을 가지고 있습니다.

사람에게만 아니라 하나님의 복이 이스라엘에게 함께하기를 원한다면 그들은 사랑과 충성을 가지고 하나님께 결합해야 한다는 것을 이 단어가 가리킵니다.

여기서 우리는 연합을 위한 접착제 역할을 하는 것이 곧 사랑이란 사실을 알 수 있습니다.

그래요. 남편과 아내를 연합시키는 접착제는 사랑입니다. 남자가 부모를 떠나 그 아내와 연합하라는 말씀은 곧 남자가 부모를 떠나 그 아내를 사랑하라는 의미입니다.

민수, 색종이를 붙일 때 각자의 색종이에 접착제를 칠했지?

민수 색종이에도 접착제를 칠했지?

이제는 연합을 위해 색종이가 아닌 민수 몸에 접착제를 바를 시간이야. 민수 몸에 바를 접착제 이름이 사랑이야. 민수, 아내를 사랑할 준비됐나?"

"네."

"준비됐나!"

"네!"

에베소서 5장 25절부터 28절까지 말씀을 함께 읽었다.

> 남편들아 아내 사랑하기를 그리스도께서 교회를 사랑하시고 위하여 자신을 주심같이 하라
>
> 이는 곧 물로 씻어 말씀으로 깨끗하게 하사 거룩하게 하시고 자기 앞에 영광스

러운 교회로 세우사 티나 주름 잡힌 것이나 이런 것들이 없이 거룩하고 흠이 없게 하려 하심이니라

이와 같이 남편들도 자기 아내 사랑하기를 제 몸같이 할지니 자기 아내를 사랑하는 자는 자기를 사랑하는 것이라

"민수, 성경이 남편에게 아내를 어떻게 사랑하라고 하나?"
"네, 예수님이 교회를 사랑하신 것같이 하라고 하십니다."
"이 본문에서 교회는 곧 예수를 믿어 구원받은 우리 한 사람 한 사람을 가리키기도 해요. 민수 형제, 예수님이 우리를 사랑하신 것처럼 수현 자매를 사랑할 수 있나?

예수님이 우리를 사랑하시고 우리를 위하여 자신을 주셨어요. 이런 사랑을 우리는 희생적인 사랑이라고 합니다. 예수님의 사랑은 희생 그 자체입니다.

결국 예수님이 어떻게 되셨어요? 예수님은 교회 된 우리를 위해 십자가에 달려 돌아가셨습니다. 예수님이 죽으심으로 교회가 세워졌습니다. 우리가 세워졌습니다.

우리를 물로 씻어 말씀으로 깨끗하게 하사 거룩하게 하시고 자기 앞에 영광스러운 교회로 세우사 티나 주름 잡힌 것이나 이런 것들이 없이 거룩하고 흠이 없게 하려고 예수님은 교회를 위해 자신을 주셨어요. 죽으셨어요.

이것이 예수님의 교회 사랑입니다.

성경은 남편에게 이렇게 아내를 사랑하라고 합니다."

남편, 그대의 사명은?

일반적으로 희생이라고 하면 아내, 어머니가 연상된다. 희생과 남편은 왠지 잘 연결되지 않는다. 이것은 우리 문화적 토양 때문인지도 모른다. 성경을 통해 결혼공부를 하다 보면 새로운 것을 많이 발견한다. 며느리를 얻는 것이 아니라 아들을 며느리에게 보내는 것이라는 것도 우리 문화적 개념과 다르다.

아내를 위해 남편이 희생해야 한다는 성경의 가르침도 마찬가지다. 우리가 갖고 있는 가치와 성경의 가르침이 다를 때는 우리는 주저 말고 성경의 가르침에 따라 우리의 가치관을 수정해야 한다. 그것이 예수를 믿는 우리의 삶이다.

일반적으로 사람들은 남편을 세우기 위해서는 아내가 희생해야 한다고 생각한다. 남편과 아내 중에서 희생은 아내 몫이라고 생각한다. 그러나 성경은 아내를 세우기 위해 남편이 희생해야 한다고 한다. 남편에게 아내를 위해 희생하라고 한다.

"민수, 수현 자매를 위해 죽을 준비됐어?"
"네에…."
민수의 대답 소리에서 씩씩함이 많이 빠졌다.
"민수, 남편의 희생이 있어야 아내와 연합할 수 있어. 이번 주간에는 내가 아내를 위해 희생해야 할 목록을 한번 만들어 봐. 그렇다고 숙제는 아니야. 권장 사항이야. 아내를 위해 내가 죽어야 할 것들이 어떤 것들이 있는지 찾아보는 거야.

우리 말 표현에도 '성질 죽인다, 자존심 죽인다, 아무개 많이 죽었다' 같은 말들이 있잖아.

바울은 내가 그리스도와 함께 십자가에서 못 박혔나니 그런즉 이제는 내가 산 것이 아니라고 고백했어. '나는 날마다 죽노라'는 고백도 했어.

민수, 남자에게 있어서 결혼은 아내를 위하여 죽으러 가는 거야. 살러 가는 게 아니야. 결혼이 이런 것인 줄 알면 안 하겠다는 남자들 많이 생길지도 모르지.

혹 민수도 결혼이 이런 것인 줄 모르고 결혼한다고 하는 것은 아닌가?"
"아, 아니에요. 저는 죽을 준비됐습니다. (웃음)"
"그렇다면 민수, 한번 고백해 볼까?
나는 아내를 위해 죽으러 간다.
나는 아내를 위해서라면 죽기까지 희생할 것이다."
민수가 나지막한 소리로 따라했다. 이것이 성경이 가르치는 아내 사랑이다.

이렇게 아내를 사랑해야 아내와 합쳐진다. 부모를 떠나 그 아내와 합치기 위해 남편은 죽어야 한다.

"민수, 에베소서 5장 26절에서 27절까지 말씀을 한 번 더 읽어 줘."

이는 곧 물로 씻어 말씀으로 깨끗하게 하사 거룩하게 하시고

자기 앞에 영광스러운 교회로 세우사

티나 주름 잡힌 것이나 이런 것들이 없이

거룩하고 흠이 없게 하려 하심이니라

"이것은 예수님이 교회를 사랑하시고 위하여 자신을 주신 이유이자, 결과야. 예수님이 교회를 사랑하신 이유는 교회를 깨끗하고, 거룩하고, 영광스러운 교회로 세우시기 위함이야.

사랑을 받으면 이렇게 되는 거야. 이렇기 때문에 사랑을 받는 게 아니라 사랑을 받으면 이렇게 되는 거야.

하나님의 사랑은 우리가 아직 죄인 되었을 때에 시작되었어. 하나님의 사랑은 먼저 사랑이야. 그 사랑이 우리를 깨끗하고 거룩하고 영광스럽게 세워 주신 거야.

예수님에게 사랑 받은 교회가 영광스럽게 세워지는 것처럼 남편에게 사랑 받은 아내는 이렇게 영광스럽게 세워지는 거야.

민수, 결혼하는 그대의 사명은 수현 자매를 영광스럽게 세우는 거야.

사랑하면 영광스럽게 돼. 아내를 초라하게 만들면 안 돼. 비참하게 만들어서도 안 돼.

수현 자매가 결혼하고 잘됐다는 소리를 주변에서 듣도록 해줘야 해. 성경 표현대로 티나 주름 잡힌 것이 없도록 해줘야 해.

예수님이 우리의 허물을 다 덮어 주셨던 것처럼 아내의 허물을 다 덮어

줘야 해. 아내의 허물이 담을 넘어서는 안 돼. 친가에 가서든, 친구들에게든, 후에 아이를 낳으면 아이들 앞에서도 아내의 허물은 그대가 책임지고 가려 줘야 해.

　아내의 허물은 덮고 아내의 좋은 점은 말해 줘. 아내에게도 이야기해 주고, 어머니에게도 해 주고, 친구들에게도 해 줘.

　사람들은 민수를 통해서 수현 자매를 알게 돼. 사람들이 그대 집에 와서 며칠을 수현 자매와 살아 보고 '아, 이 사람은 이렇구나' 하고 생각하는 게 아니야.

　그럴 기회는 대부분 없어. 그대를 통해서 듣고 아는 거야.

　민수가 수현 자매의 허물만 계속 이야기하면 사람들은 수현 자매를 허물 투성이로 알게 돼. 아내를 귀하게 여겨야 해. 아내 앞에서도, 다른 사람 앞에서도.

　그대가 아내를 귀히 여기면 주변에 있는 사람들도 그대 아내를 귀히 여겨. 아내를 사랑하고 아내를 귀히 여겨. 이것이 그대가 아내에게 할 일이야."

　"네, 명심하겠습니다. 그런데 제가 잘할 수 있을까 걱정이 되네요."

　"걱정하지 말고 기도해. 우리에겐 이것을 할 수 있도록 돕는 성령님이 계시잖아."

사랑은 어떻게 하는 거지?

사랑이 하고 싶은데 막상 사랑을 어떻게 하는지 몰라서 못한다는 사람도 있다.

피부에 트러블이 생겨서 고생을 한 적이 있다. 잠을 자다가도 한두 번씩 일어나 긁어야 했다. 우리 교회에도 피부과 의사인 성도가 있지만 몸을 보이기가 민망해 모르는 피부과에 갔다. 몸을 보여 주자 의사 선생님이 한마디 했다.

"많이 긁으셨군요. 긁지 마세요."

"네."

돌아오는 차 안에서 문득 생각했다. 가려운데 어떻게 안 긁을 수가 있지? 자다가 나도 모르게 긁는데…. 가려울 때 안 긁는 방법을 배워 왔어야 하는데…. 나중에 우리 교회 성도가 원장인 박 피부과에 가서야 그 방법을 알았다.

하나님은 남편에게 아내를 사랑하라고 말씀하신 후에 거기서 끝내지 않으셨다. 사랑을 어떻게 하는지 구체적으로 가르쳐 주셨다.

> 이와 같이 남편들도 자기 아내 사랑하기를 제 몸같이 할지니 자기 아내를 사랑하는 자는 자기를 사랑하는 것이라 (엡 5:28).

"민수, 아내 사랑을 어떻게 하라고?"

"자기 자신과 같이 하랍니다."

"그래요. 이것이 사랑을 하는 구체적인 방법입니다. 아내를 챙기되 자기 자신을 챙기듯이 하는 것이 사랑입니다. 자기를 위하듯이 아내를 위하는 것이 사랑입니다.

이 방법을 이해하는 데 도움이 되는 말씀이 성경에 있습니다. 예수님이 하신 말씀입니다.

> 남에게 대접을 받고자 하는 대로 너희도 남을 대접하라(눅 6:31).

우리는 이 말씀을 황금률이라고 부르기도 합니다. 이것은 대인관계의 기본입니다. 부부간에도 이 말씀은 그대로 적용됩니다."

성내지 않는 게 사랑이야

"민수, 이 외에도 성경에 사랑을 어떻게 하는지 참 많이 소개되어 있어. 그중에 대표적인 것이 고린도전서 13장이야. 4절부터 7절까지만 한 번 읽어 볼까?"

> 사랑은 오래 참고
> 사랑은 온유하며 투기하는 자가 되지 아니하며

사랑은 자랑하지 아니하며 교만하지 아니하며 무례히 행치 아니하며

자기의 유익을 구치 아니하며

성내지 아니하며

악한 것을 생각지 아니하며

불의를 기뻐하지 아니하며

진리와 함께 기뻐하고

모든 것을 참으며 모든 것을 믿으며 모든 것을 바라며 모든 것을 견디느니라

"민수, 성경은 민수에게 아내 될 수현 자매를 이렇게 사랑하라고 하셔.

아내 사랑은 오래 참는 거야.

아내 사랑은 온유한 거야.

아내 사랑은 시기하지 않는 거야.

아내 사랑은 자랑하지 않는 거야.

아내 사랑은 교만하지 않는 거야.

아내 사랑은 무례히 행치 않는 거야.

아내 사랑은 자기의 유익을 구하지 않고 아내의 유익을 구하는 거야.

아내 사랑은 성내지 않는 거야.

아내 사랑은 악한 것을 생각지 않는 거야.

아내 사랑은 불의를 기뻐하지 않는 거야.

아내 사랑은 진리와 함께 기뻐하는 거야.

아내 사랑은 모든 것을 참는 거야.

아내 사랑은 모든 것을 믿는 거야.

아내 사랑은 모든 것을 바라며 모든 것을 견디는 거야."

수현 자매가 감격한 표정이다.

"민수는 화를 잘 다스리나?

아내들이 남편 화내는 걸 많이 힘들어해. 아내들은 남편이 큰 소리를 내면 정서적으로 불안해지나 봐.

남편들이 아내를 위해서 몸을 죽이기 전에 성질을 많이 죽여야 해. 일단 소리만 안 질러도 아내들은 살 것 같다고 해. 특별히 다혈질인 남편을 둔 아내들이 많이 힘들어하더군.

우리 집사람이 결혼하면서 소원이라며 부탁한 게 다름 아니라 평소 톤으로 평생을 말해 달라는 것이었어. 이것이 어쩌면 곁에 있는 수현 자매의 소원일 수도 있어."

수현 자매를 바라보며 눈으로 동의를 구했다.

마음으로부터 동의하는 메시지가 수현 자매 눈에서 느껴졌다.

"목사님, 사실 이 부분이 제 약점이기도 해요. 뒤끝은 없는데 화가 나면 목소리가 커져요.

목사님 앞에서 그렇게 한 적은 없지만 수현 자매와 교제하면서도 나중에 사과를 하긴 했지만 화를 내고 목소리를 크게 높인 적이 있어요.

그런데 목사님은 제 속을 다 아시고 말씀하시는 것 같아요. 제가 목사님 앞에서는 화를 낸 적이 없어서 제가 그런 줄은 모르실 텐데…. 설교를 듣다가도 뜨끔 할 때가 있어요. 목사님이 CCTV로 다 보시고 하는 말같이 느껴질 때도 많아요. 지금도 같은 걸 느꼈어요."

"(웃음) 성령님이 설교를 하는 사람과 설교를 듣는 사람을 연결해 주셔서 그런 거야. 내가 증인이 되어 줄 테니 수현 자매에게 그 부분과 관련해서 고백 한번 하지."

민수가 머뭇거리다 몸을 수현 자매에게로 돌렸다.

"수현 자매, 평소 톤으로 평생 말하며 살게요. 소리 지르지 않고."

"고마워요, 민수 씨."

수현 자매가 민수 손을 잡았다.

"수현 자매, 수현 자매는 오늘 아주 큰 선물을 받은 겁니다. 결혼한 분들에게 물어봐요. 이것이 얼마나 큰 선물인지. 또 얼마나 받고 싶은 선물인지. 축하해요."

"목사님, 감사합니다. 오늘 목사님을 통해 민수 씨에게서 큰 선물 받은 것을 지금도 압니다. 감동했습니다.

저는 그것을 있는 모습 그대로 받아들이기로 했는데… 하나님께서 이렇게… 감사합니다."

"오늘은 여기까지 하지. 오늘 공부는 민수 혼자 한 것 같네. 처음부터 끝까지 아내를 사랑하라는 것이었으니 말이야. (웃음)

오늘은 부모를 떠난 남편 민수가 그 아내와 연합하기 위해 그 몸에 접착제를 발랐네. 아내와 연합하기 위한 접착제, 즉 사랑을 온몸에 듬뿍 바른 날이야.

다음 주에는 아내가 될 수현 자매 몸에 접착제를 바를 차례야. 수현 자매가 남편과 연합하기 위해 발라야 할 접착제를 공부할거야.

　그럼 다음 주에 만나."

　두 사람과 포옹하는 것이 자연스러워졌다.

　"사랑해요."

study 6

연합 배우기 2
_ 결혼, 결정권의 연합

이러므로 남자가 부모를 떠나 그 아내와 연합하여
둘이 한 몸을 이룰지로다(창 2:24).

Marriage Guidebook

비가 왔다.

원두커피를 준비했다.

커피는 향을 먼저 마신다.

따뜻한 커피 냄새가 내 방 가득 퍼졌다.

나는 설탕이나 크림을 넣지 않지만 두 사람을 위해 그것도 준비했다.

두 사람이 도넛을 한 박스 들고 내 방으로 들어왔다.

"와, 목사님. 오늘은 목사님하고 마음이 통했네요."

도넛과 커피를 함께 먹는 세대인가 보다.

고3짜리 막내딸을 데리러 늦은 밤에 학교에 갔다가 집으로 곧장 오지 않고 중간에 도넛 집에 들러 커피와 함께 도넛을 먹으며 자정이 넘도록 데이트하던 때가 생각난다.

"목사님, 저희 결혼 날짜 정했어요."

"어, 그래. 축하해."

일정표를 꺼내 들었다. 역시 토요일이었다.

"앞으로 4주 후네. 부지런히 진도를 나가야 하겠는데.

오늘은 한 손에 커피 들고 바로 공부로 들어가야 하겠는데. (웃음)"

두 개의 결정권 하나로 만들기

이러므로 남자가 부모를 떠나 그 아내와 연합하여 둘이 한 몸을 이룰지로다

성경이 가르쳐 주는 결혼의 정의를 함께 외우고 공부를 시작했다.
"결혼은 부모를 떠나는 것이라는 것을 우리 공부했지요?
그 의미 중 하나가 결정권의 이양이라고 우리는 이미 앞에서 공부했습니다. 두 사람이 결혼하기 위해서는 각각 부모님에게서 결정권을 가지고 와야 합니다. 민수와 수현 자매, 부모님들이 지난번 공부 때 결정권을 넘겨주시겠다고 약속했지요?
이제 두 사람은 그 결정권을 가져오면 됩니다. 민수가 부모님에게서 결정권을 가지고옵니다. 수현 자매가 부모님에게서 결정권을 가지고 옵니다.
그러면 결정권이 몇 개가 됩니까? 그래요. 결정권이 두 개가 됩니다.
부모를 떠나온 다음에 해야 할 일이 남편과 아내가 연합하는 일이라고 했습니다. 즉, 합치는 일입니다.
두 사람이 각각 자신의 집에서 가지고 온 결정권 둘을 이제 하나로 합쳐야 합니다. 결정권 둘을 하나로 합치면 둘이 한 몸이 됩니다."
수현 자매가 조심스럽게 물었다.

"목사님, 죄송하지만 결정권을 꼭 하나로 합쳐야 하나요? 결정권 두 개를 가지고 조화를 이루며 살 수도 있지 않을까요?"

"아, 수현 자매. 마음이 급하다 보니 결정권을 하나로 해야 할 이유를 건너뛰었군요. 결정권을 하나로 해야 하는 이유는 화평을 위해서입니다. 결정권자가 둘이면 거기서 갈등이 생기고 다툼이 생깁니다. 결정권자가 둘이면 두 사람의 결정이 다를 때 각각 자기 결정대로 할 수밖에 없어요. 결정권자가 없거나 또는 많아지면 두 경우 모두 혼란을 초래해요.

두 사람 이상 함께하는 곳에서는 가장 먼저 해야 할 일이 결정권자를 정하는 것입니다. 이것은 하나님 방식입니다. 평화를 위해 결정권자는 하나여야 합니다. 답이 됐나요?"

"네, 목사님. 감사합니다."

아내여, 남편을 자신의 결정권자로

"자, 그럼 결정권 두 개를 어떻게 하나로 만들까요? 두 사람이 가위 바위 보를 해서 결정권자를 정할까요? IQ검사를 해서 높은 사람이 결정권을 갖도록 할까요? 시험을 봐서 점수가 높은 사람이 결정권을 갖도록 할까요? 아니면 홀수 날은 남편이, 짝수 날은 아내가 결정권을 행사하도록 할까요? 아니면 1년 단위로 결정권을 돌아가면서 갖도록 할까요?

만약 하나님께서 '남자가 부모를 떠나 그 아내와 연합하여 둘이 한 몸을 이룰지로다' 라고만 했다면 많이 혼란스러웠을 겁니다.

어떻게 한 몸을 이루어야 하는지, 어떻게 하나가 되어야 하는지 그 방법을 모르기 때문입니다. 하나님께서는 우리가 혼란스러워할까 봐 성경 안에 결정권자를 정해 놓으셨습니다.

수현 자매가 에베소서 5장 22절로 24절까지를 읽어 줄래요."

> 아내들이여 자기 남편에게 복종하기를 주께 하듯 하라
> 이는 남편이 아내의 머리 됨이 그리스도께서 교회의 머리 됨과 같음이니 그가 친히 몸의 구주시니라
> 그러나 교회가 그리스도에게 하듯 아내들도 범사에 그 남편에게 복종할지니라

"수현 자매, 여기서 '남편이 아내의 머리 됨이 그리스도께서 교회의 머리 됨과 같음이니 그가 친히 몸의 구주시니라' 는 말씀에 나오는 머리가 의미하는 것은 무엇일까요?"

"그것이 결정권을 의미하나요?"

"그래요. 여기서 머리는 결정권자란 의미입니다. 그렇게 넣어서 한 번 읽어 볼까요?

남편이 아내의 결정권자 됨이 그리스도께서 교회의 결정권자 됨과 같다. 하나님께서는 남편을 아내의 결정권자로 정해 주셨습니다. 수현 자매, 수현 자매는 민수를 수현 자매의 결정권자로 모셔 들이겠습니까?"

"목사님, 꼭 예수님 영접할 때 같은 느낌이에요."

"아, 그래요. 어떻게 보면 같은 겁니다. 우리가 예수님을 믿는 것도 곧 우리가 예수님을 우리의 결정권자로 모셔 들이는 겁니다. 예수님을 주로 모셔 들인다는 말의 의미가 바로 예수님을 자신의 결정권자로 모셔 들인다는 겁니다. 민수를 수현 자매의 결정권자로 받아들이겠습니까?"

"네."

언젠가 결혼하겠다고 나를 찾아온 자매가 있었다.

결혼에 대해 간단히 설명하면서 결혼은 남편을 자신의 결정권자로 받아들이는 것이라고 했다. 자매가 심각한 얼굴로 그것은 어려울 것 같다고 했다. 교제를 하면서 보니 형제가 결정을 하는 것이 무척 미숙했던 모양이다.

자매는 결혼 후에 결정은 자신이 할 생각을 하고 나를 찾아왔는데 막상 내 말을 듣고는 고민을 하면서 돌아갔고, 결국 그 결혼은 이루어지지 않았다.

남편을 결정권자로 인정하지 않고 결혼하는 것보다는 결혼하지 않는 것이 낫다.

세상에서 가장 아름다운 화장품

"남편을 결정권자로 받아들인 아내가 해야 할 일이 무엇인지 성경을 통해 공부합시다.

수현 자매가 에베소서 5장 22절과 24절, 두 절을 읽어 봐요."

아내들이여 자기 남편에게 복종하기를 주께 하듯 하라

그러나 교회가 그리스도에게 하듯 아내들도 범사에 그 남편에게 복종할지니라

"수현 자매, 오늘은 민수와 합하기 위해 수현 자매 몸에 접착제를 바르는 날입니다. 수현 자매가 민수와 연합하기 위해서 발라야 할 접착제는 순종입니다. 복종하라는 말이 수현 자매에게 어떻게 들려요? 어감이 어때요? 좀 강하지 않나요?"

"네, 선뜻 그렇게 하고 싶다는 마음이 들거나 솔직히 끌리는 단어는 아닌 것 같아요."

"그래요. 그렇게 생각하는 것도 이해가 됩니다."

성경은 아내에게 남편에게 순종하라, 복종하라고 했다. 순종하라는 말보다 복종하라는 말은 더 강한 것 같다. 일반적으로 복종하라는 말을 들으면 '그래 복종해야지' 하는 마음보다는 반감이 드는 경우가 많다.

마치 자기가 종이 되는 것과 같은 그런 느낌이 들기 때문이다. 그래서 아내들이 남편에게 순종하라, 남편에게 복종하라는 설교를 선호하지 않는지 모른다. 어떤 이는 그것은 조선시대적 사고방식이라고 한다. 아니다. 이것은 조선시대적 사고방식이 아니라 하나님 말씀이다.

남편을 결정권자로 인정하는 사람은 남편에게 순종한다. 결정권을 인정하지 않으면 그는 순종하지 않는다. 순종하는 아내가 되기 위해서는 남편이 자신의 결정권자임을 인정해야 한다. 가정에서 일어나는 문제들 중에

상당수는 결정권과 관련이 있다. 결혼 후에도 부모가 결정권을 갖고 있거나, 결혼 후에 부모에게서 가지고 온 결정권을 남편에게 넘겨주지 않고 아내가 행사하는 경우다.

요즘은 남자들도 화장을 하지만 일반적으로 여자들이 화장을 한다.

"수현 자매도 화장하지요?"
화장을 하긴 한 것 같은데 거의 표가 나지 않았다.
"그럼요. 저 지금 화장한 거예요."
"그래요. 화장품은 어떤 걸 써요?"
"네? 저…."
이런 것을 묻는 사람을 매너 없는 사람이라고 한다. 그런데도 물었다. 수현 자매가 사용하고 있는 화장품을 알고 싶어서 물은 것은 아니다.
"당황했지요? 대답하지 않아도 돼요. 내가 좋은 화장품 하나 소개해 주고 싶어서 물은 겁니다.
수현 자매, 베드로전서 3장 3절부터 6절까지의 말씀을 읽어 줄래요?"

> 너희 단장은 머리를 꾸미고 금을 차고 아름다운 옷을 입는 외모로 하지 말고 오직 마음에 숨은 사람을 온유하고 안정한 심령의 썩지 아니할 것으로 하라 이는 하나님 앞에 값진 것이니라
> 전에 하나님께 소망을 두었던 거룩한 부녀들도 이와 같이 자기 남편에게 순복함으로 자기를 단장하였나니 사라가 아브라함을 주라 칭하여 복종한 것같이

너희가 선을 행하고 아무 두려운 일에도 놀라지 아니함으로 그의 딸이 되었느니라

"이 말씀은 외모 단장보다 마음 단장이 더욱 중요하고, 우선되어야 할 것을 가르쳐 줍니다. 속사람은 단장하지 않고 외모만 단장하면 이것은 아름답게 보이지 않습니다. 금방 싫증납니다. 속에서부터 우러나오는 아름다움이 진정한 아름다움입니다. 오랜 세월이 흘러도 싫증나지 않습니다. 온유하고 정숙한 마음에서 나오는 선한 행실이 참 아름답습니다.

수현 자매, 이 말씀이 '하나님께 소망을 두었던 거룩한 부녀들도 이와 같이 자기 남편에게 순종함으로 자기를 단장했다'고 하면서 그 예로 아브라함의 아내 사라를 들고 있지요? 그래요. 자기 남편에게 순종하는 것이 곧 자기 단장이라고 성경은 가르쳐 줍니다.

단장은 화장과 비슷한 말입니다. 화장은 아름답게 보이기 위해서 하지요? 남편에게 언제 아내가 가장 아름답게 보이는지 알아요? 순종할 때입니다. 아내가 순종 화장품으로 메이크업을 했을 때입니다.

아브라함은 그 아내 사라가 할머니가 되었을 때도 그 아름다움을 보고 누가 자기 아내를 빼앗아 갈까 봐 불안해할 정도였습니다. 사라가 할머니가 되었지만 아브라함 눈에는 순종하는 아내 사라가 그렇게 아름답게 보인 겁니다.

아내를 세상에서 가장 아름다운 여인으로 만들어 주는 화장품, 그것은 순종 화장품입니다.

남편의 눈을 사로잡기 위해 몸매를 가꾸고, 최고의 화장품으로 메이크업을 하고, 향수로 온 몸을 적셔도 순종하지 않는 아내는 다른 사람에게는 몰라도 그 남편에게는 아름답게 보이지 않아요. 평생 남편에게 아름답게 보이는 여인, 이 여인의 이름이 조수현이기를 축복합니다."

"감사합니다."

순종하면 행복해지는 이유

"수현 자매, 하나님께서 수현 자매를 사랑하시는 것을 믿지요?
　이 성경이 수현 자매를 사랑하시는 하나님께서 수현 자매를 위해서 주신 말씀인 것도 믿지요? '남편에게 순종하라'는 이 말씀이 수현 자매의 행복을 위해 하나님께서 주시는 선물입니다."
　수현 자매는 질문마다 고개를 끄덕이며 "네"라고 대답했다.
　"수현 자매, 왜 남편에게 순종하는 것이 복된 일인지를 조금 더 설명해 줄게요. 구약성경으로 갑시다.
　처음 하나님께서 창조하신 사람, 아담과 하와가 타락했습니다. 하나님께서 먹지 말라고 한 선악과를 먹었습니다. 이 일로 사람에게 죄가 찾아왔고 당연한 결과로 형벌이 따라왔습니다.
　이때 아담이 받은 형벌이 있고, 하와가 받은 형벌이 있고, 뱀이 받은 형벌이 있습니다. 하나님께서 하와에게 주신 형벌은 이겁니다.

> 내가 네게 잉태하는 고통을 크게 더하리니 네가 수고하고 자식을 낳을 것이며 너는 남편을 사모하고 남편은 너를 다스릴 것이니라(창 3:16).

이 말씀을 얼핏 보면 남편에게 다스림을 받는 것이 죄로 말미암아 아내가 받게 된 형벌 같습니다. 그러나 자세히 보면 그 앞에 '너는 남편을 사모하고'가 있습니다. 남편을 사모하는 것이 무슨 형벌인가 싶을 것입니다.

우리 말 성경에는 이렇게 번역이 되어 있는데 구약성경을 기록한 히브리어로 '사모한다'는 단어를 찾아보면 그 안에는 남편으로부터 독립하려고 하는 욕망, 나아가 남편을 지배하려고 하는 욕망이 들어 있습니다.

남편으로부터 독립하려고 한다는 것은 곧 남편에게 결정권을 넘겨주고 남편에게 순종하기보다 그 결정권을 본인이 갖고 살려고 하는 것입니다.

이 말씀은 '너는 남편에게 결정권을 넘겨주지 않으려고 하거나, 오히려 네 남편을 지배하려고 하지만 결국 남편은 너를 다스릴 것이라'는 의미입니다.

결정권을 남편에게 넘겨주지 않고 오히려 그 결정권을 본인이 행사하려고 하다 결국은 남편의 다스림을 받는 과정은 다툼이요, 분쟁이요, 비극이요, 불행입니다. 이것은 쿠데타를 일으켰다가 결국 실패한 이들의 비참함과 참담함 같은 것입니다. 이것이 처음 아내 하와가 받은 죄의 형벌입니다.

하나님은 그의 사랑하는 딸들을 이 죄의 형벌로부터 구원하기 원하십니다. 그래서 은밀하게 말씀해 주시는 겁니다.

'아내들아, 남편에게 순종하라'

이것은 처음 아내 하와가 받은 형벌로부터 아내들을 구원해 주시기 위한 하나님의 사랑입니다.

지금도 세상에는 남편에게 결정권을 주지 않고 자신이 갖고 있는 아내들이 있습니다. 남편의 결정권에 순종하기보다 오히려 자신이 결정권을 갖고 주장하는 아내들이 있습니다. 그들을 관찰해 보십시오. 공통점이 있는데 그들은 불행하다는 것입니다.

생각 같아서는 그렇게 살면 행복하고, 신나고, 잘될 것 같은데 결과는 그 반대로 나타납니다. 큰 고통과 괴로움이 있습니다. 다툼과 분쟁이 끊이지 않습니다.

아내의 다스림을 기쁨으로 받으며 사는 남편은 세상에 없습니다. 만약 이런 남편이 있는데도 그 가정이 다툼과 분쟁이 없다면 남편이 포기하고 사는 것입니다. 이렇게 되면 모든 것을 다 아내가 해야 합니다.

남편은 무관심, 무책임으로 일관합니다. 이것이 또 남편을 주장하는 아내를 분노케 합니다.

이런 아내들은 구원받아야 합니다. 형벌로서의 결혼 생활이 아니라 상으로서의 결혼 생활로 구원받아야 합니다."

선 결정, 후 통보?

"수현 자매, 남편의 결정권을 인정하는 것으로부터 아내의 행복은 시작

됩니다. 평생 남편의 결정권을 존중히 여겨 주는 복된 아내가 되기를 축복합니다."

"아, 목사님. 남편에게 순종하라는 하나님의 말씀 속에 그런 깊은 뜻이 있네요. 네, 명심하고 남편의 결정권을 인정하고 순종하겠습니다."

"남편에게 순종하라, 복종하라"는 이야기를 하면 얼굴이 굳어지고 심지어 자리에서 일어나 나가는 경우도 있다. 그런데 수현 자매가 기꺼이 남편을 결정권자로 인정하고 순종하겠다니 고마웠다.

"수현 자매가 일찍 부모님을 떠나 생활했다고 했지요?

그러다 보면 혼자 스스로 결정하는 것이 몸에 배어 있을 수도 있어요. 결혼하고도 이것이 습관처럼 나올 수 있어요. 결정을 내가 하고 남편에게 통보하는 일을 무심코 할 수 있습니다.

수현 자매처럼 결혼 전에 혼자 결정하는 생활을 하던 한 자매가 결혼했어요. 이 자매가 하루는 고등학교에 들어가는 조카를 격려하기 위해 퇴근 후에 작은집에 다녀오고 싶은 마음이 들었어요. 그래서 남편에게 전화했습니다.

'저, 오늘 작은집에 갔다가 조금 늦게 갈게요.'

자매는 그렇게 하면서도 자신이 지금 실수를 하고 있거나 잘못을 하고 있다고 전혀 생각지 않았어요. 너무 오랫동안 스스로 결정하며 살던 게 몸에 배서 생긴 일입니다.

이 경우 결정을 아내가 하고 그 결과를 남편에게 통보한 것입니다.

수현 자매, 세심하게, 사려 깊게 남편의 결정권을 세워 줘야 합니다.

'친정 작은집 조카가 고등학교에 들어가요. 퇴근 후에 가서 격려를 좀 해줬으면 해서 전화했어요. 당신이 허락하면 다녀올까 해서요.'

작은 일이든 큰 일이든 결정할 몫은 남편에게 넘겨주어야 합니다."

"아, 그런 작은 부분까지 결정권을 생각해야 하는군요."

그러면 숨 막혀 어떻게 사느냐고 반문하고 싶을지 모른다. 살아 보면 알지만 숨 막히지 않는다. 물고기가 물 속에서 숨 막혀 죽는가? 하나님은 물고기는 물에서 살 때 가장 자유롭고 행복하도록 창조하셨다.

남편의 결정권을 인정하는 아내는 행복하다. 아내에게 결정권을 인정받는 남편은 많은 것을 아내에게 위임해 준다. "그건 당신이 알아서 하라"고 하면서 결정권을 넘겨주는 경우가 많다.

남편에게서 결정권을 빼앗으려고 하지 말라. 위임을 강요하지도 말라. 위임을 하고 안 하는 결정도 결정권자의 몫이다. 남편에게 순종하라. 그러면 많은 것을 결정하게 될 것이다.

남편은 중간결정권자

"민수, 이제 몇 주 후면 결정권자가 되는데 미리 축하해."

"감사합니다."

"결정권자가 될 생각을 하니 마음이 어때?"

"좋기도 하지만 솔직히 부담이 많이 됩니다."

"이제 민수가 어떻게 하면 좋은 결정권자가 될 수 있는지를 성경을 통해 같이 배워 보자고. 먼저 기억할 일이 있네. 민수는 최종 결정권자가 아니야. 중간 결정권자야. 성경을 볼까? 고린도전서 11장 3절이야.

> 그러나 나는 너희가 알기를 원하노니 각 남자의 머리는 그리스도요 여자의 머리는 남자요 그리스도의 머리는 하나님이시라

이 말씀을 통해 우리는 아내의 머리는 남편이고 남편의 머리는 그리스도라는 사실을 깨닫습니다. 아내의 결정권자는 남자고 남자의 결정권자는 예수 그리스도라는 의미입니다.

남편 위에 누가 있습니까? 예수 그리스도가 있습니다. 남편은 중간결정권자입니다.

민수, 남편을 최종결정권자로 오해해서는 안 돼요. 회사로 이야기하면 과장은 대리의 머리요, 부장은 과장의 머리요, 사장은 부장의 머리입니다. 부장이 마치 자신이 최종결정권자인 것처럼 생각하고 결정하면 안 됩니다. 사장의 뜻을 따라야 합니다. 사장의 결재를 받아야 합니다.

마찬가지입니다. 남편은 중간결정권자입니다. 날마다 최종결정권자인 예수님의 결정을 받아와야 합니다. 하나님의 결재를 받아야 합니다.

이 결재 받는 일이 기도입니다. '쉬지 말고 기도하라'는 성경말씀은 곧 '쉬지 말고 결재 받으라'는 말입니다.

어떤 의미에서 보면 아내들이 더 편한 것 같습니다. 왜냐하면 결정권자가 눈에 보이잖아요. 우리 귀로 들을 수 있는 결정권자의 결정을 받는 것과 우리 육신의 귀로는 들을 수 없는 하나님의 결정을 받는 것 중에 어떤 것이 쉽겠어요?

수현 자매도 기도 많이 해야 하겠지만 민수는 더욱 기도 많이 해야 해. 결정할 일이 많기 때문이지요."

"목사님, 결혼이 어렵게 느껴집니다. 그냥 만나서 살면 되는 줄 알았는데 결혼공부를 하면서 느끼는 것인데, 어려운 게 결혼인 것 같아요."

"너무 겁먹지 마. 결혼은 좋은 거야. 이것을 삶으로 실천해 봐.

스스로 결정하지 않아도 되는, 최종결정권자에게 결재 받아다 전달해 주는 삶이 얼마나 편하고 좋은데. 이렇게 하면 인생이 얼마나 가벼워지는지 몰라.

결정에는 책임이 따르거든. 책임은 결정한 사람이 지는 거야.

민수가 느끼는 큰 부담이 바로 이거 아닌가?"

"네, 목사님. 그런 것 같아요."

"민수, 그 결정이 민수 결정이면 민수가 책임져야 하지만, 그 결정이 예수님의 결정이면 예수님이 책임지셔. 예수님께 결재 받아 결정하는 삶을 살면 이런 부담이 없어. 책임질 일 없는 삶이 얼마나 편한데."

"아, 그런 면도 있군요, 목사님."

결재 라인을 뚫어라

"민수가 주의할 것은 기도가 막히지 않도록 하는 거야. 결재 라인이 막히면 큰일이잖아.

성경에 기도 라인이 막히는 경우가 있는데 특별히 그 부분을 조심해야 해. 베드로전서 3장 7절 말씀을 읽어 볼까?

> 남편 된 자들아 이와 같이 지식을 따라 너희 아내와 동거하고 저는 더 연약한 그릇이요 또 생명의 은혜를 유업으로 함께 받을 자로 알아 귀히 여기라
> 이는 너희 기도가 막히지 아니하게 하려 함이라

민수, 아내를 귀히 여겨야 돼. 그렇지 않으면 기도가 막혀. 명심해야 돼.
'아내를 귀히 여기라 이는 너희 기도가 막히지 아니하게 하려 함이라'
'아내를 귀히 여기라'는 의미는 다양하게 적용할 수 있어. 결정권과 관련해서는 이렇게 적용할 수 있을 것 같아.
'아내의 의견을 귀히 여기라. 그래야 너희 기도가 막히지 않는다.'
'아내의 인격을 귀히 여기라. 그래야 너희 기도가 막히지 않는다.'
'아내의 꿈을 귀히 여기라. 그래야 너희 기도가 막히지 않는다.'
'아내의 몸을 귀히 여기라. 그래야 너희 기도가 막히지 않는다.'
'아내의 부모를 귀히 여기라. 그래야 너희 기도가 막히지 않는다.'
'아내의 뜻을 귀히 여기라. 그래야 너희 기도가 막히지 않는다.'

'아내의 소원을 귀히 여기라. 그래야 너희 기도가 막히지 않는다.'

'아내의 일을 귀히 여기라. 그래야 너희 기도가 막히지 않는다.'

'아내의 마음을 귀히 여기라. 그래야 너희 기도가 막히지 않는다.'

민수, 아내의 마음을 상하게 하면 기도가 막히네. 결재 라인에 문제가 생겨. 그러면 어리석은 결정을 할 수 있어.

아내를 업신여길 때, 아내의 마음을 상하게 했을 때, 아내를 화나게 했을 때 하는 결정은 어리석은 결정이 될 확률이 높아.

결정을 잘하는 사람이 지혜로운 사람이야. 지혜로운 결정을 하기 위해서는 필수적으로 아내를 귀히 여겨야 해.

기도 응답 잘 받는 것, 모든 그리스도인의 소원이지? 민수도 이 소원이 있을 거야.

내가 좋은 방법 가르쳐 줄게. 아내를 귀히 여기면 기도 응답을 잘 받아. 조금 더 확대해서 적용하면 사람을 귀하게 여기면 기도 응답이 빨라. 이유는 기도가 막히지 않기 때문이야."

동서남북으로 귀를 열어 두라

"결정을 잘하기 위해서는 결정을 하기 전에 사람들에게 조언을 구하는 것도 필요해. 하나님에게만 결재 받겠다고 하고 도무지 사람들의 말은 들으려고도 하지 않으면 안 되네.

하나님께서 사람들을 곁에 두신 것은, 특별히 어른들을 곁에 두신 것은 하나님께서 그들의 경륜을 통해 들려주고 싶은 말씀이 있기 때문이야.

이것을 이렇게 비유할 수 있어.

치료는 하나님께서 하셔. 그래서 하나님을 만병의 대의사라고 표현하는 거야. 그렇다고 해서 우리가 병원이나 약국은 가지 않고 오직 하나님께만 직접 치료를 받겠다고 고집해서는 안 되는 것과 마찬가지야. 의사를 통해서 치료받는 것도, 약을 먹고 치료받는 것도 다 광의적으로는 하나님께서 치료해 주시는 것이야. 하나님께서 의학을 발전시키시고, 약을 개발하게 하셨기 때문이지.

하나님은 때로 사람을 통해 우리에게 결정을 해 주실 때도 있어. 상담을 하는 중에 하나님의 결재를 받는 경우도 있어. 그래서 성경이 '말을 듣기를 속히 하라'고 권하고 있는 거야.

민수, 결정을 하기 전에 부모님의 의견도 들어보고, 인생 선배들의 의견도 들어봐야 해. 그리고 무엇보다 아내 의견을 들어봐야 해.

사람들이 하는 말 가운데도 있잖은가. 아내 말 들어 손해 볼 일 없다고. 아내 무시하면 안 돼. '여자가 뭘 알아서 참견이냐.'고 그러면 안 돼. 아내의 의견을 귀히 여기도록 해야 해."

"네, 목사님. 아내 말 잘 듣겠습니다!"

문장의 끝을 올리니 막 제대한 군인 같다.

"수현 자매, 아내는 남편에게 좋은 의견을 많이 내 주어야 해요. 하나님께서 수현 자매 안에 놀라운 일들에 대한 아이디어를 넣어 주셨을 수도 있어요. 그걸 남편에게 이야기해 줘요. 충분히 이야기해 주고, 민수도 충분히 아내의 의견을 들어요.

아내가 자신의 의견을 충분히 말한 다음에 꼭 해야 할 말이 있어요.

'제 의견은 이런데 결정은 당신이 하세요. 나는 당신이 결정하는 대로 따를게요.'

아내가 낸 의견은 남편이 그것을 그대로 받아들여 결정할 수도 있고, 바꾸어 결정할 수도 있고, 반대로 결정을 할 수도 있습니다. 남편에게 의견을 말한 후에는 남편이 어떻게 결정하든 따르겠다는 마음이 늘 있어야 합니다. 자기 의견을 듣지 않았다고 토라져서는 안 됩니다. '내 의견을 무시하고 당신 의견대로 했으니 나는 모르겠다.'고 해서는 안 됩니다.

수현 자매, 남편들은 아내가 자신의 결정권을 인정해 주면 웬만하면 다 아내 말을 들어요. 아내가 자신의 결정권을 인정하지 않고 도리어 결정권을 행사하려고 하면 아내의 의견이 좋은 줄 알면서도 일부러 안 들으려고 하는 게 남자들의 속성입니다.

지혜로운 아내는 남편은 남편대로 최대한 세워 주면서도 자신의 뜻은 뜻대로 펼칩니다. 이것은 민수 없을 때 가르쳐 줘야 하는데…. (웃음)"

아내를 괴롭히는 결정은 피하라

"민수, 좋은 결정을 많이 하는 지혜로운 결정권자가 되기를 축복해.

잘할 거야, 우리 민수. 그렇지?"

"감사합니다."

"결정을 잘하기 위해 우리 성경말씀 하나 더 볼까? 골로새서 3장 19절이야.

> 남편들아 아내를 사랑하며 괴롭게 하지 말라

아내를 괴롭게 하지 말라. 하나님의 명령이야. 민수, 평생 사는 동안 아내를 괴롭게 하지 마. 수현 자매를 즐겁고 기쁘게 해줘.

민수도 나중에 딸 낳아서 길러 보면 알겠지만 부모가 자식을 얼마나 귀하게 키우는지 몰라. 그렇게 키운 딸을 사위가 괴롭힌다고 생각해 봐. 얼마나 마음이 아프겠어. 선교지에 있는 수현 자매 부모님을 생각해서라도 수현 자매 괴롭게 하면 안 돼.

어떻게 하면 아내가 괴로울까? 결정권과 관련해서 생각해 봤어. 아내와 의논하지 않고 일방적으로 결정하면 따르긴 하겠지만 괴로울 것 같아. 수현 자매, 안 그래요?"

"네, 그럴 것 같아요."

"민수, 성경을 보면 결정권자들에게 하나님께서 주의를 주시는데 그중에 하나가 주장하는 자세로 하지 말라는 것이야.

남편이 '내가 결정권자다' 하면서 일방적으로 마구 결정을 하면 아내는 무척 괴로울 거야. 그것도 가정 경제나 삶의 중요한 결정들을 일방적으로 하고 통보하면 많이 괴로울 것 같아. 집을 일방적으로 판다든지, 직장을 일방적으로 그만둔다든지, 일방적으로 사업을 벌인다든지, 일방적으로 이민 결정을 한다든지….

민수, 작은 일도 아내와 의논하도록 해. 아내와 의논하고 하면 기쁨이 될 일도 혼자 일방적으로 해 버림으로 아내에게 괴로움을 주는 경우도 있어. 이것이 자신을 무시한 것이라고 느낄 수 있기 때문이야.

민수, 결정을 할 때는 항상 아내의 마음과 몸의 상태를 살피면서 해야 해.

예를 들어, 결혼하고 얼마 지나지 않았는데 학교 동창들을 만났다고 하자고. 예쁜 아내를 자랑하고 싶은 마음에 일방적으로 '우리 집으로 가자'고 친구들을 데리고 오면 안 돼. 먼저 아내의 몸 상태가 어떤지를 살펴야 해. 감기 몸살을 심하게 앓고 있는 중에 억지로 출근했다 일찍 돌아와서 약 먹고 누워 있는데 남편이 이런 결정하면 아내는 괴롭지, 괴로워. 나중에 아내 몸 컨디션이 좋을 때, 그때 친구들 데리고 와도 되잖아.

몸이 괴로우면 얼굴에 괴롭다고 써지는 법이야. 그런 아내 얼굴을 보고 미안해하기보다 '왜 내가 친구들 데리고 온 게 그렇게 못마땅하냐?'고 친구들 돌아간 다음에 한마디 하면 힘든 밤이 되는 거야.

민수는 수현 자매 괴롭게 하지 않을 거야, 그렇지?"

"네, 목사님. 명심하겠습니다."

"그래. 늘 아내가 즐거운 결정, 아내가 기쁜 결정을 이어가기를 바라네. 그리고 두 사람에게 팁 하나 줄게요.

상대에게 부탁을 하거나 의견을 낼 때 가능하면 상대가 '예스' 할 수 있는 부탁이나 의견을 내도록 해요. 거절하고 나면 거절한 사람도 힘들고 거절당한 사람도 힘들어요.

예를 들어, 내가 두 사람에게 크게 무리가 되는 부탁을 하면 두 사람은 거절할 수밖에 없잖아요? 거절할 수밖에 없는 일이라도 거절하고 나면 마음이 불편해집니다. 몇 번 거절을 당하면 다음에는 어떤 의견을 내는 것도 부담이 됩니다.

두 사람, 다음 주에 올 때는 바게트 빵을 좀 준비해 올래요?"

"네."

"빵 사오라는 얘기가 아니에요. 예로 든 거예요. 이런 부탁 정도면 하는 사람도 편안하게 할 수 있고 또 듣는 사람도 편안하게 들어줄 수 있어요."

이론적으로는 거절을 당할 때 '내' 가 거절당한 것이 아니라 '내 의견' 이 거절당한 것임을 안다. 하지만 막상 거절을 당하면 이론이 정서적으로는 그대로 적용되지 않는 것을 느낄 때가 많다.

결정권자의 최고 미덕은 겸손

"민수, 결정권자가 어떤 마음과 자세를 가져야 하는지 예수님에게서 배워 볼까?

빌립보서 2장 5절로 8절까지야.

너희 안에 이 마음을 품으라

곧 그리스도 예수의 마음이니 그는 근본 하나님의 본체시나 하나님과 동등됨을 취할 것으로 여기지 아니하시고

오히려 자기를 비어 종의 형체를 가져 사람들과 같이 되었고

사람의 모양으로 나타나셨으매

자기를 낮추시고 죽기까지 복종하셨으니 곧 십자가에 죽으심이라

  결정권자는 예수의 마음을 품어야 합니다. 예수님은 근본이 하나님의 본체입니다. 예수님은 하나님입니다.
  그런데 예수님은 하나님과 동등됨을 취할 것으로 여기지 아니하셨습니다. 오히려 자기를 비어 종의 형체를 가졌습니다. 사람들과 같이 되셨습니다. 하나님께서 사람의 모양으로 나타나셨습니다. 자기를 낮추시고 죽기까지 복종하셨습니다. 그것이 곧 십자가 죽음입니다.
  이 말씀 안에 결정권자가 어떤 마음과 자세로 그 결정권을 행사해야 할 것인가가 들어 있지. 민수가 결정권자지? 하나님께서 정해 주신 두 사람이 이룰 가정의 분명한 결정권자야.
  그런데 민수가 스스로 자신을 결정권자로 여기지 않는 거야. 결정권자가 자기를 낮추어 복종하는 거야. 남편이 아내의 결정권자이지만 자신을 결정권자로 여기지 않고 오히려 아내에게 '당신이 결정하면 내가 따르겠다'고 말하고 그 아내의 결정을 따르는 거야.
  민수가 결정권을 이렇게 행사하면 수현 자매가 어떻게 하겠나?

'무슨 소리예요. 당신이 우리 집 결정권자인데 내가 결정을 하다니요. 당신이 결정하세요. 당신이 결정하면 저는 기쁨으로 따르겠어요.'

'아니야, 여보. 당신이 결정해. 그러면 내가 따를게.'

이렇게 되면 '그리스도를 경외함으로 피차 복종하라'는 성경을 이루는 것입니다. 피차 복종하는 가정에는 천국의 기쁨이 충만합니다."

서로 결정권을 차지하겠다고 다투는 공동체가 있다. 서로 상대에게 결정을 하라고 하면서 서로 따르겠다고 하는 공동체가 있다. 천국은 피차 복종하는 공동체의 것이다. 이것이 배려다.

"오늘 공부는 여기까지 하지요. 오늘 우리는 결정권의 연합을 공부했습니다. 다음 주에는 몸의 연합에 대해 공부합니다."

더 높은 권위가 있다

"저, 목사님. 오늘 귀한 것을 많이 배웠습니다. 감사드리고요.

한 가지 궁금한 것은 아내는 남편의 모든 결정에 다 순종해야 하나요?

민수 씨가 그럴 일은 없지만, 혹 남편이 무리하거나 부당한 결정을 하면 그때는 어떻게 해요?"

"아, 질문 잘했어요. 질문 안 했으면 중요한 내용을 깜박할 뻔 했네요.

아내가 남편의 모든 결정에 순종해야 하는 것은 아닙니다. 아내에게는 남편보다 더 높은 권위를 가진 분이 계십니다. 그분은 하나님입니다.

하나님의 결정과 남편의 결정이 때로 상충될 수 있습니다. 그런 경우 남편보다 더 높은 권위인 하나님의 말씀에 순종해야 합니다. 이것이 표면적으로는 남편에게 불순종하는 것 같지만 더 높은 권위인 하나님께 순종하는 것입니다. 이런 경우에는 남편보다 하나님께 순종해야 합니다.

두 사람은 다 믿음의 사람이기 때문에 이런 갈등은 많지 않을 겁니다.

하나님은 도적질하지 말라고 하시는데 남편이 도적질해 오라고 한다면 아내는 당연히 남편의 결정보다 하나님의 결정을 따라야 합니다. 이런 경우가 아니라면, 즉 남편의 결정이 하나님의 결정과 다르지 않는 한 순종해야 합니다.

이 외에 예외적으로 결정권을 두 사람 모두에게 준 경우가 하나 있습니다.

이때는 남편이 결정하면 아내가 따르고 아내가 결정하면 남편이 따라야 합니다. 이것이 무엇일까요? 이것은 다음 주에 같이 공부하도록 해요."

결혼공부가 중반을 넘어섰다.

시간이 갈수록 두 사람이 더욱 진지해지는 것 같다.

두 사람의 인생에 결혼공부 10주가 미칠 영향을 생각해 본다.

입가에 미소가 번진다.

오늘도 여전히 따뜻한 사랑으로 두 사람을 보냈다.

"사랑해."

study 7

연합 배우기 3
_ 결혼, 몸의 연합

이러므로 남자가 부모를 떠나 그 아내와 연합하여
둘이 한 몸을 이룰지로다(창 2:24).

Marriage Guidebook

연합을 해야 한 몸을 이룬다.

몸의 연합은 성의 연합을 가리킨다. 문자적으로 하면 성의 연합, 혹은 성관계라고 표현해야 하겠지만 가능하면 몸의 연합, 혹은 관계라고만 해도 의미가 전달되면 그렇게 하기로 마음을 먹었다. 성경도 성에 대해 직접적인 표현보다는 은유적이거나 비유적인 표현을 사용하고 있다.

시간이 되었는데 두 사람이 늦는다. 문자로 조금 늦겠다는 연락은 받았다.

오늘은 보이차를 꺼냈다.

보이차를 마실 때마다 언젠가 본 다큐멘터리 '차마고도'가 생각난다.

"목사님, 죄송합니다."

숨찬 얼굴로 두 사람이 들어왔다.

"괜찮아요. 늦을 수 있지요. 매주 이렇게 시간을 내는 게 쉽지 않을 텐데…. 오늘 이 시간을 내기 위해 더욱 열심히 일했을 두 사람 모습이 상상이 돼요.

두 사람이 결혼공부에 투자한 시간들로 인해 두 사람의 인생에 큰 유익이 있을 겁니다."

"네, 지금까지 배운 것만도 저희에게 큰 도움이 됩니다. 이렇게 결혼을 공부하고 결혼할 수 있다는 것이 참 감사해요.

결혼공부라는 말이 처음에는 어색했는데 가만 생각해 보니 이 공부를 안 하고 결혼하는 게 오히려 이상한 것 같아요.

대학을 가고 취업을 하기 위해서도 공부를 하고, 운전면허를 따기 위해서도 공부를 하는데 인생에 그 어떤 것보다 중요한 결혼을 공부 없이 한다는 게 위험천만한 일인 것 같아요.

사실 저희도 결혼공부를 시작할 때만 해도 뭐 결혼을 공부할 게 있을까 했는데 막상 해 보니 이 공부 안 했으면 큰일 날 뻔 했다는 생각이 드는 거예요.

결혼한 후 이런 것을 몸으로 부딪치면서 깨달으려면 십 년은 족히 걸릴 것 같아요. 목사님 덕분에 저희들 십 년 이상 번 것 같아요.

감사드립니다."

"두 사람이 결혼공부 전도사가 된 느낌이네.

나도 동감이야. 결혼공부를 하지 않고 결혼하는 게 참 안타까워. 미리 공부를 했었더라면 피할 수 있는 수많은 시행착오들을, 공부하지 않고 결혼하고 난 후 몸으로 겪을 것을 생각하니 안타까워."

결혼을 몇 주 앞둔 두 사람에게 이 공부가 실질적인 도움이 되나 보다.

두 사람 이야기를 들으니 힘이 났다.

하나님의 선물, 프로스콜라오마이

"오늘도 여전히 결혼공부는 결혼 구절을 암송하는 것으로 시작할까요?

이러므로 남자가 부모를 떠나 그 아내와 연합하여 둘이 한 몸을 이룰지로다

우리 앞에서 연합이란 단어 공부를 할 때 그 단어 안에 성관계가 포함되어 있다는 것을 같이 나눴지요? 기억나지요?

'연합하다'는 신약성경을 기록한 헬라어로는 '프로스콜라오마이'이고, 이 단어는 부부의 결합을 의미하며 특수한 의미는 '성관계를 갖다'라고 했지요?

그래요. 결혼은 남편과 아내가 성관계를 갖는 것을 포함하고 있습니다.

'남자가 그 아내와 연합하라'는 것은 곧 '남자가 그 아내와 성관계를 가지라'는 의미이기도 합니다.

지금부터 우리는 성경을 통해 몸의 연합에 대해 같이 공부할 것입니다.

먼저 성에 대해 성경이 가르치는 기본적인 것들을 함께 나누지요."

이것이 결혼공부에 필수적으로 거쳐야 하는 과정이지만 늘 쉽지 않은 부분이다. 그래도 성경이 이것을 가르치기 때문에 결혼공부 때 이 부분을 건너뛰지는 않는다.

"성은 하나님의 선물입니다. 하나님께서 사람을 창조하시고 그들을 결혼

하게 하셨습니다. 하나님은 결혼한 사람들에게 성을 주셨습니다. 하나님께서 주신 성은 선한 것입니다. 좋은 것입니다.

잘못된 성에 대한 경고가 성경에 많습니다. 음행과 간음에 대한 경고들입니다. 이것이 성경에 많다 보니 그리스도인 중에도 이것을 오해해서 성 자체를 악한 것으로 생각하는 이들이 있습니다. 아닙니다. 성은 선한 것입니다. 하나님께서 주신 귀한 선물입니다."

안과 밖을 주의하라

"하나님은 사람에게 성을 선물하시면서 성의 위치를 정해 주셨습니다. 하나님께서 정해 주신 성의 위치는 결혼 안입니다. 성은 결혼 안에 머물러야 합니다. 성이 결혼 밖으로 나가면 죄악이 됩니다.

음행과 간음이란 성의 위치가 결혼 밖으로 나간 상태입니다. 성경은 음행과 간음에 대해 여러 번, 심각하게 경고하고 있습니다. 그 결과는 비참합니다. 이것을 성경을 통해 찾아보고 지나갑시다.

잠언 5장 1절부터 14절을 같이 읽도록 해요."

> 내 아들아 내 지혜에 주의하며 내 명철에 네 귀를 기울여서
> 근신을 지키며 네 입술로 지식을 지키도록 하라
> 대저 음녀의 입술은 꿀을 떨어뜨리며 그 입은 기름보다 미끄러우나

나중은 쑥같이 쓰고 두 날 가진 칼같이 날카로우며

그 발은 사지로 내려가며 그 걸음은 음부로 나아가나니

그는 생명의 평탄한 길을 찾지 못하며 자기 길이 든든치 못하여도 그것을 깨닫지 못하느니라

그런즉 아들들아 나를 들으며 내 입의 말을 버리지 말고

네 길을 그에게서 멀리하라 그 집 문에도 가까이 가지 말라

두렵건대 네 존영이 남에게 잃어버리게 되며 네 수한이 잔포자에게 빼앗기게 될까 하노라

두렵건대 타인이 네 재물로 충족하게 되며 네 수고한 것이 외인의 집에 있게 될까 하노라

두렵건대 마지막에 이르러 네 몸, 네 육체가 쇠패할 때에 네가 한탄하여

말하기를 내가 어찌하여 훈계를 싫어하며 내 마음이 꾸지람을 가벼이 여기고

내 선생의 목소리를 청종치 아니하며 나를 가르치는 이에게 귀를 기울이지 아니하였던고

많은 무리들이 모인 중에서 모든 악에 거의 빠지게 되었었노라 하게 될까 하노라

한 가지 죄로 모든 것을 잃는 길

결혼을 벗어난 성이 얼마나 사람을 비참하게 하는지를 여실히 보여 주는

말씀이다.

1. 음행하는 자는 처음에는 달콤한 인생을 사는 것 같으나 나중에는 쑥같이 쓰고 칼에 맞은 것과 같은 인생을 산다 :

   대저 음녀의 입술은 꿀을 떨어뜨리며 그 입은 기름보다 미끄러우나
   나중은 쑥같이 쓰고 두 날 가진 칼같이 날카로우며

2. 음행하는 자는 이 땅에서 지옥을 철저하게 경험한다 :

   그 발은 사지로 내려가며 그 걸음은 음부로 나아가나니

3. 음행하는 자의 인생은 굴곡이 많고 요동이 많으나 그는 그것을 깨닫지 못한다 :

   그는 생명의 평탄한 길을 찾지 못하며 자기 길이 든든치 못하여도 그것을 깨닫지 못하느니라

4. 음행하는 자는 명예를 잃어버린다 :

   두렵건대 네 존영이 남에게 잃어버리게 되며

5. 음행하는 자는 일찍 죽을 수 있다 :

   네 수한이 잔포자에게 빼앗기게 될까 하노라

6. 음행하는 자는 궁핍해진다 :

두렵건대 타인이 네 재물로 충족하게 되며 네 수고한 것이 외인의 집에 있게 될까 하노라

7. 음행하는 자는 마지막 날에 후회한다 :
두렵건대 마지막에 이르러 네 몸, 네 육체가 쇠패할 때에 네가 한탄하여 말하기를 내가 어찌하여 훈계를 싫어하며 내 마음이 꾸지람을 가벼이 여기고 내 선생의 목소리를 청종치 아니하며 나를 가르치는 이에게 귀를 기울이지 아니하였던고
많은 무리들이 모인 중에서 모든 악에 거의 빠지게 되었었노라 하게 될까 하노라

한 가지 죄로 모든 것을 다 잃는 것이 음행이다.

"두 사람은 성의 위치를 결혼 안으로 고정시켜야 합니다. 지금 두 사람은 아직 결혼하지 않았습니다. 만약 지금 두 사람이 관계를 갖는다면 그것은 결혼 밖의 성입니다. 성은 결혼 때까지 기다려야 합니다. 두 사람 다 하나님께서 주신 선물로 성을 받기 위해 결혼 때까지 기다려야 합니다.
결혼 후에 다른 사람과 관계를 갖는 것은 두말할 나위 없이 음행입니다. 하나님은 음행을 싫어하십니다. 결혼 밖으로 성을 가지고 가는 것을 싫어하십니다. 십계명 중에도 간음하지 말라는 말씀을 넣어 놓으신 하나님입니다. 하나님께서 싫어하시는 것을 하고 잘되는 인생이 없습니다.

두 사람은 결혼 후에도 순결해야 합니다. 결혼 안에서만, 관계를 가져야 합니다. 두 사람 사이에서만 관계를 가져야 합니다."

비디오 말고 성경으로 성을 배우라

"부부가 관계를 하면서도 음행에 빠질 수가 있습니다."
두 사람 눈이 순간 커졌다.
"결혼한 부부들 중에 관계를 갖기 전에 야한 영화나 비디오를 함께 보는 이들이 있어요. 야한 동영상이라 해도 부부가 함께 보면 괜찮은 것으로 생각하는 경우도 있어요. 이런 경우 부부가 관계를 가지면서도 음행에 빠질 수 있어요.

관계는 남편 혹은 아내와 하지만 머릿속으로는 남편과 아내를 조금 전 영화에서 본 남자 혹은 여자로 대치시킬 수 있어요. 이런 경우에는 부부가 관계를 했지만 음행이 될 수 있습니다.

예수님은 여자를 보고 마음으로 음욕을 품는 것도 음행이라고 가르쳐 주고 있습니다. 몸뿐 아니라 마음도 부부가 관계를 해야 합니다. 또한 부부가 관계를 할 때 마음으로는 다른 사람을 상상하며 하는 경우도 결혼 안에서 부부가 관계를 하는 것이지만 음행이 될 수 있습니다."

어려운 이야기를 면전에서 했다.

사별을 한 사람들이 있다. 재혼을 하는 경우도 있고, 평생을 혼자 살기도 한다. 사별을 하는 순간 성적 욕구도 함께 사라지면 좋겠지만 현실은 그렇지 않다. 이런 경우 성적 욕구를 어떻게든 처리해야 한다. 사별을 한 후에 다른 사람을 만나 결혼하는 것은 죄가 아니다. 필요하면 주변에서도 그렇게 할 수 있도록 권해 주어야 한다.

그러나 결혼하지 않은 채로 다른 사람과 성관계를 갖는 것은 남편이 없고, 혹은 아내가 없다 해도 이것 역시 음행이다. 혹 이런 경우, 홀로 성적 욕구를 해소해야 할 때도 생각 속에서의 상대는 남편 혹은 아내여야 한다.

"성경이 음행에 대해, 간음에 대해 가르치는 것이 워낙 강력하다 보니 그리스도인들 중에도 성에 대해 오해하는 사람들이 있습니다. 경건하다는 사람 중에 성을 악한 것으로 여기는 이들이 있습니다. 성을 필요악으로 생각하는 이들도 있습니다. 성적 욕구가 생기면 그것을 사단이 가져다준 것으로 생각합니다. 그런 생각을 하는 자체를 죄악시하며 죄책감에 빠지는 경우도 있습니다.

성욕은 식욕과 마찬가지로 하나님의 선물입니다. 지극히 정상적인 것입니다. 피가 뜨거워서 그런 것이 아닙니다. 식욕이 생긴다고 해서 그것 때문에 죄책감을 갖고 괴로워하는 사람은 없습니다. 성욕도 마찬가지입니다.

한 가정에 부부간에 계속해서 문제가 생겼습니다. 사정을 알고 보니 아내가 성에 대해 잘못 알고 있는 것이 문제의 원인이었습니다. 믿음의 가정에서 자란 이 아내는 성에 대해 부정적으로 생각했습니다. 주일에 남편이 관계를 요구하면 아니 어떻게 주일에 그런 못된… 금요일에 남편이 관계를 요구하면 예수님이 십자가에 달린 날인데 어떻게…. 사순절이라도 되면 무슨 수를 써서라도 남편의 요구에 응하지 않았습니다. 그러다 한 번이라도 관계를 갖게 되면 자신이 거기 빠져들지 않기 위해 이를 악물었습니다. 악에 물들지 않기 위해 그랬습니다.

성적인 기쁨이나 희락은 사단이 주는 것이라는 그릇된 생각을 갖고 있었기 때문입니다. 이 분이 결혼에 대한 성경공부를 하는 중에 성을 배웠습니다. 성경을 통해 성을 배웠습니다. 그 후로 이 가정에 다툼이 사라지고 평화가 찾아왔습니다. 분쟁의 근본문제가 해결되었기 때문입니다."

부부관계, 열심히 하라

"성경은 결혼 안에서는 관계를 열심히 하라고 가르칩니다. 이렇게 이야기하면 성경에 그런 게 어디 있느냐고 반문합니다.

성경에서 결혼 밖의 성에 대한 경고를 많이 읽다 보니 하나님께서 성경을 통해 결혼 안의 성에 대해서 말씀하시는 것에 대해서는 흘려들어서 생기는 일 같습니다. 잠언 5장 15절부터 19절까지 말씀을 같이 볼까요?"

민수가 읽었다.

> 너는 네 우물에서 물을 마시며 네 샘에서 흐르는 물을 마시라

어찌하여 네 샘물을 집 밖으로 넘치게 하겠으며 네 도랑물을 거리로 흘러가게 하겠느냐
그 물로 네게만 있게 하고 타인으로 더불어 그것을 나누지 말라
네 샘으로 복되게 하라 네가 젊어서 취한 아내를 즐거워하라
그는 사랑스러운 암사슴 같고 아름다운 암노루 같으니 너는 그 품을 항상 족하게 여기며 그 사랑을 항상 연모하라

"여기서 우물은 무엇을 가리키고, 샘은 무엇을 가리키고, 물은 무엇을 가리키나요? 여기 나오는 물과 우물을 문자적으로 해석하면 말이 되지 않습니다. 부부간의 성관계를 은유적으로 말씀하신 겁니다. 이 말씀을 보면 하나님은 부부 된 이들에게 부부관계를 적극적으로 할 것을 권하고 있습니다. 간음하지 말라는 말씀에 우리가 마땅히 순종해야 하는 것처럼 부부관계를 열심히 하라는 말씀에도 순종해야 합니다.

일반적으로 하나님께서 하지 말라고 하는 것을 하면 금방 내가 죄를 지었구나 하는 것을 느낍니다. 그러나 하나님께서 하라고 한 것을 하지 않을 때는 그런 마음이 바로 오지 않는 경우가 많습니다. 하나님의 명령은 크게 두 가지 형태입니다. 하나는 '하지 말라', 하나는 '하라' 입니다. 하나님께서 '하라'고 하신 말씀을 열심히 따르다 보면 어느새 '하지 말라' 는 말씀도 자연스럽게 순종하고 있는 것을 발견합니다.

'교만하지 말라' 와 '겸손하라' 는 말씀을 놓고 교만하지 않기 위해 애쓰는 것보다, 겸손하기 위해 힘쓰는 것이 훨씬 효율적입니다. 겸손하기 위해

애쓰다 보면 교만하지 않는 것은 기본이 됩니다.

'부부관계를 성실히 하라'는 말씀을 열심히 따르다 보면 '간음하지 말라'는 말씀은 자동으로 지켜집니다. 부부관계를 열심히 하는 것이 간음하지 않는 최선의 길입니다. 두 사람 결혼한 후에 부부관계를 성실히 해야 합니다. 관계를 안 할수록 거룩하다는 생각을 해서는 안 됩니다.

> 네 샘으로 복되게 하라 네가 젊어서 취한 아내를 즐거워하라
> 너는 그 품을 항상 족하게 여기며 그 사랑을 항상 연모하라

이 말씀은 부부관계를 열심히 하라는 의미입니다.

결혼식 때 하객들 앞에서 이런 서약을 하기는 어려우니 여기서 한번 할까요? 두 사람은 결혼 후에 성실하게 부부관계를 가질 것을 서약합니까?"

민수는 말로, 수현 자매는 고개로 대답했다.

서로를 만족시키는 기쁨

"우리는 부부관계를 통해 자녀를 출산합니다. 하나님께서 우리에게 성을 주신 목적 중 하나는 자녀출산입니다. 경건한 자손을 얻기 위해 우리는 결혼하고, 부부관계를 갖습니다. 두 사람 결혼 후에 아들 딸 많이 낳기를 축복합니다.

그러나 하나님께서는 성을 오직 자녀를 출산하기 위해서만 주신 것은 아닙니다. 그 안에 하나님은 부부가 함께 누릴 즐거움을 담아 놓으셨습니다.

이것은 내 말이 아니고 성경말씀입니다.

민수가 18, 19절 말씀을 한번 더 읽어 줘요."

네 샘으로 복되게 하라 네가 젊어서 취한 아내를 즐거워하라
그는 사랑스러운 암사슴 같고 아름다운 암노루 같으니 너는 그 품을 항상 족하게 여기며 그 사랑을 항상 연모하라

"복되게 하라. 즐거워하라. 족하게 여기라. 항상 연모하라. 성 안에 하나님께서 담아 주신 행복 리스트입니다. 부부관계에는 행복이 있고, 즐거움이 있습니다. 두 사람은 결혼 후에 부부관계를 통해서 이 행복과 즐거움을 누리게 될 겁니다.

성관계 안에 담아 놓으신 기쁨과 즐거움을 누리기 위해서 두 사람은 부부관계를 갖는 기본자세를 성경에서 배워야 합니다.

조금 전 민수 형제가 읽은 '네 샘으로 복되게 하라'는 말씀 속에도 부부관계에 임하는 기본자세가 어떠해야 하는 것이 잘 나타나 있어요.

'네 샘으로 복되게 하라'는 말씀은 부부관계를 통해 '네 아내를 행복하게 하라'는 말입니다. 두 사람은 어떻게 하면 배우자를 만족시켜 주고, 배우자를 즐겁게 하고, 행복하게 할 것인가에 늘 주목해야 합니다. 평소 삶 속에서도 그렇고 부부관계를 할 때도 그래야 합니다.

자신의 행복을 위해 관계를 하는 사람이 있습니다. 배우자의 행복을 위해 관계를 갖는 사람이 있습니다. 하나님은 남편에게 네 샘으로 복되게 하라고 했습니다. 하나님은 우리에게 배우자의 행복을 위해 관계를 하라고 가르쳐 주고 있습니다.

관계를 할 때 주된 관심사는 자신의 만족이 아니라 배우자의 만족이 되어야 합니다. 이런 관점에서 보면 부부간의 성관계는 헌신입니다. 배우자의 즐거움을 위해 자신의 몸을 배우자에게 온전히 바치는 시간입니다. 배우자의 행복을 위해, 배우자의 즐거움을 위해, 배우자의 만족을 위해 서로가 헌신하는 시간이 부부관계 시간입니다.

이런 질문을 혹시 할 수 있어요.

이렇게 하면 결국 자신은 부부관계를 통해 만족이나 기쁨을 얻지 못하는 것 아닌가? 배우자를 위해 부부관계를 통해 자신이 만족이나 기쁨을 얻는 것은 포기해야 하는가? 배우자의 만족과 기쁨을 위해 자신의 만족과 기쁨을 희생하는 것이 진정한 부부관계인가? 그리스도인은 부부관계를 통해 자신은 만족이나 기쁨을 얻어서는 안 되는가?"

세상에서 가장 황홀한 헌신

"그렇지 않습니다.

부부관계는 서로가 서로에게 헌신하는 것입니다. 남편과 아내가 서로를 향해 헌신할 때 두 사람 모두 만족하고 기뻐하게 됩니다. 사람은 근본적으로 다른 사람이 행복해하는 것을 보면서 행복을 느끼도록 만들어졌습니다. 나를 통해 다른 사람이 행복해하는 것을 보고 행복을 느끼는 존재가 사람입니다.

이것이 하나님께서 만드신 사람이 행복을 얻는 방법입니다. 행복에 이르는 길입니다. 곁에 있는 사람을 행복하게 해 주어야 자신이 행복합니다. 함께하는 사람을 세워 줘야 내가 세워집니다. 이 귀한 진리를 모르고 자신의 행복을 위해 사는 사람들이 있습니다. 다른 사람을 불행하게 하면서 자신의 행복을 추구하는 사람들이 있습니다. 이것은 어리석은 일입니다. 이렇게 해서는 행복을 얻을 수도, 누릴 수도 없습니다.

자신의 행복을 목적으로 하는 일들이, 비록 그 일이 선한 일이라 해도 행복하지 않은 것을 아마 경험해 보았을 것입니다. '내가 행복하기 위해 이렇게 많은 시간도 쓰고 돈도 썼는데 왜 나는 행복하지 않는가?' 지금도 이것을 풀지 못해 고민하는 사람들이 있습니다. 행복을 얻는 하나님의 법을 배우지 못했기 때문입니다. 깨닫지 못했기 때문입니다.

두 사람, 기억해야 해요. 자신의 행복을 목적으로 하는 어떤 일도 자신을 행복하게 하지 못한다는 사실을 기억해요.

무슨 일을 하든지 다른 사람의 행복을 위해서 하도록 해요. 하나님의 행복을 위해서 하도록 해요. 하나님을 기쁘시게 하기 위해 하면 두 사람이 행복해집니다.

이것은 부부관계에도 그대로 적용됩니다. 자신의 만족과 기쁨을 위해 부부관계를 갖는 사람이 있습니다. 이런 사람이 부부관계를 통해 만족과 기쁨을 누리기는 쉽지 않습니다. 자신이 성적으로 만족하지 못하는 이유를 부부관계에 임하는 자신의 동기에서 찾지 않고 배우자에게서 찾는 사람도 있습니다. 이런 사람은 상대를 바꾸면 자신이 만족을 얻을 수 있을 것이라고 생각합니다. 그리고 그것을 실행에 옮깁니다.

그러나 아무리 많이 상대를 바꾸어도 그는 만족함이 없는 삶을 살아야 합니다. 성적 만족은 그렇게 해서 얻어지는 것이 아니기 때문입니다. 부부관계를 통해 만족과 기쁨을 누리는 것은 단지 생물학적인 요인에 의한 것만이 아닙니다.

부부간의 관계에서도 이것은 그대로 적용됩니다. 아내가 자신의 헌신을 통해 만족해하고 즐거워하는 것을 본 남편은 흐뭇합니다. 남편이 자신의 헌신을 통해 즐거워하는 것을 본 아내는 만족합니다. 서로가 서로에게 헌신할 때 거기 큰 기쁨과 즐거움이 있습니다. 자신의 기쁨을 목적으로 하지 않았음에도 넘치는 기쁨으로 충만해집니다. 이것이 연합의 신비입니다.

예수님과 예수님을 믿는 우리의 관계가 바로 이렇습니다. 예수님은 우리를 위해 헌신하셨습니다. 우리를 구원하시기 위해 헌신하셨습니다. 우리는 예수님을 기쁘게 해드리기 위해 헌신합니다. 예수님이 원하시는 일이라면 아골 골짝 빈들에도 나아갑니다. 이것이 예수님과 연합한 우리의 모습입니다. 이런 예수님과 우리 사이에는 항상 기쁨이 충만합니다."

말 안 하면 몰라

"두 사람은 관계를 할 때 표현을 해 줘요. 상대가 알 수 있도록 표현을 해 줘요.

내가 얼마나 좋은지, 행복한지, 만족하고 있는지를 다양한 언어 묘사로 표현해 줘요. 좋은 것을 감추려고 하지 말아요.

아내들 같은 경우 표현하는 것에 부담을 갖는 경우도 있습니다. 혹시라도 남편이 자신을 오해하지나 않을까 하는 막연한 두려움 때문에 극도로 표현을 억제하는 경우도 있습니다.

아닙니다. 표현해야 합니다. 기쁨도, 만족도, 원하는 것도.

남편이 자신의 성감대를 찾는 데 십 년이 걸렸다고 말하는 아내가 있을 수 있습니다. 말해 주면, 표현해 주면 너무나 쉽게 알 수 있는 일을 십 년이나 걸려 알게 했으니 너무 안타까운 일입니다.

남편도 아내가 편안하게 마음껏 표현할 수 있도록 사려 깊게 대해 주어야 합니다. 관계 중에 남편이 무심코 던진 한마디 말에 평생 표현하지 않고 지내는 아내들도 있을 수 있습니다.

두 사람은 결혼 후 관계를 가질 때 서로에게 내가 얼마나 행복한지, 만족스러운지, 즐거운지, 꿈을 꾸고 있는 것 같은지를 말해 주어야 합니다.

아가서에서 두 사람이 서로 주고받았던 것처럼 말입니다."

내 사랑 너는 어여쁘고도 어여쁘다(아 4:1).

네 입술은 홍색 실 같고 네 입은 어여쁘고 너울 속의 네 뺨은 석류 한 쪽 같구나(아 4:3).

네 두 유방은 백합화 가운데서 꼴을 먹는 쌍태 노루 새끼 같구나(아 4:5).

날이 기울고 그림자가 갈 때에 내가 몰약 산과 유향의 작은 산으로 가리라(아 4:6).

내 신부야 네 입술에서는 꿀 방울이 떨어지고 네 혀 밑에는 꿀과 젖이 있고 네 의복의 향기는 레바논의 향기 같구나(아 4:11).

부부관계의 결정권은 두 사람 모두에게

"수현 자매가 고린도전서 7장 3절부터 5절까지 말씀을 찾아 읽어 줄래요?"

남편은 그 아내에게 대한 의무를 다하고 아내도 그 남편에게 그렇게 할지라
아내가 자기 몸을 주장하지 못하고 오직 그 남편이 하며 남편도 이와 같이 자기 몸을 주장하지 못하고 오직 그 아내가 하나니
서로 분방하지 말라 다만 기도할 틈을 얻기 위하여 합의상 얼마 동안은 하되 다시 합하라
이는 너희의 절제 못함을 인하여 사단으로 너희를 시험하지 못하게 하려 함이라

"부부관계의 결정권은 누구에게 있습니까?"

"…"

"우리는 이미 앞에서 가정의 결정권이 남편에게 있다는 것을 공부했습니다. 그러다 보니 부부관계의 결정권도 남편에게 있다는 생각을 하는 경우가 있습니다. 이렇게 생각하는 아내의 경우 성적 욕구가 생겨도 남편 눈치만 봅니다.

성경은 부부관계에 있어서는 결정권이 남편과 아내, 둘 다에게 있다고 가르쳐 줍니다. 남편이 관계를 하기로 결정하면 아내가 따르고, 아내가 관계를 하기로 결정하면 남편이 그 결정에 따르라는 것입니다. 아내는 자기 몸을 주장하지 못하고 오직 그 남편이 하며 남편도 그와 같이 자기 몸을 주장하지 못하고 오직 그 아내가 한다는 말씀의 의미가 이것입니다.

부부는 배우자가 관계를 요구하면 거절하지 말아야 합니다. 남편이 관계를 하기로 결정을 했는데 아내가 지금 그럴 기분이 아니라고 일방적으로 돌아누워서는 안 됩니다. '자기 몸을 자기가 주장하지 말라'고 말씀하신 분이 사람을 만드신 하나님입니다. 성을 만드신 하나님입니다. 어떤 때는 부부관계를 할 기분이 아니더라도 배우자의 요구에 응하다 보면 기분이 생깁니다. 하나님은 남편과 아내의 몸을 이렇게 만드셨습니다.

남편과 아내는 부부관계를 하기로 결정할 때 배우자의 몸과 마음을 살펴야 합니다. 부부관계를 갖는 것이 기쁨이 될 수 있는 몸과 마음일 때 결정을 해야 합니다. 일방적으로 결정을 하면 물론 그것이 하나님의 말씀이기 때문에 응하긴 하겠지만 많이 힘들고 고통스러울 수 있습니다.

몸과 마음이 부부관계를 할 수 없는 상황, 하기 힘든 상황이라면 그것을 배우자에게 이야기하고 양해를 구할 수 있습니다. 이때 부부관계를 갖기로 결정을 한 남편 혹은 아내는 배우자의 의견을 존중해야 합니다. 남편과 아내는 부부관계의 결정권 행사를 통해 서로를 괴롭게 해서는 안 됩니다. 배우자에게 즐거움과 기쁨이 되는, 때에 맞는 결정을 하는 두 사람이 되기를 바랍니다.

여기서 분방하지 말라는 말씀의 의미는 부부관계를 중단하지 말라는 것입니다. 기도를 하기 위한 선한 경우라 할지라도 반드시 이것은 합의하에 해야 합니다. 그리고 그 기간은 짧아야 합니다. 그야말로 얼마 동안이어야 합니다. 그 후에는 다시 부부관계를 해야 합니다.

이렇게 하는 이유는 배우자와 부부관계를 통해 해결하지 못한 성적 욕구를 다른 사람을 통해 채우고자 하는 것을 막기 위함입니다. 배우자의 음행을 예방하는 최고 최선의 길은 부부가 열심히 관계를 하는 것입니다."

아마 두 사람은 태어나서 부부관계 열심히 하라는 이야기는 처음 들었을 것 같다.

수단이 아니라 목적이다

"수현 자매, 결혼 후에 민수가 요구할 때 거절하면 안 돼요."

결혼한 분들 중에 배우자가 무슨 잘못을 하면 그 잘못을 고치기 전까지는 자기 몸 근처에도 오지 못하게 하는 경우가 있다. 술을 먹는 남편을 향해 술을 끊기 전에는 자기 곁에 얼씬도 말라고 하는 경우가 있다. 무슨 일이 있기만 하면 부부관계를 거절한다. 자신의 몸을 무기로 자기 목적을 관철시킨다.

이것은 스스로 자신을 창기 취급하는 일이다. 창기는 자신의 몸을 수단으로 돈을 번다. 창기에겐 몸이 수단이고 돈이 목적이다. 남편의 요구를 거절하고 남편의 담배를 끊게 했다고 가정해 보자. 자신의 몸을 남편의 담배를 끊게 하는 도구로 사용한 것이다. 창기가 그 몸을 수단으로 돈을 버는 것이나 아내가 그 몸을 수단으로 남편의 담배를 끊게 한 것이나 같은 것이다.

하나님은 우리의 몸을 수단이 아닌 목적으로 지으셨다.

목적인 사람의 몸을 수단화하는 것이 타락이다.

"수현 자매, 수현 자매의 몸은 존귀합니다. 그 아름답고 귀한 몸을 스스로 창기 취급해서는 안 됩니다. 결혼 후에 부부관계를 거절하고 싶을 때, 자신의 몸을 통해 남편의 어떤 것을 바꾸고 싶은 생각이 들 때는 외쳐야 해요. '나는 창기가 아니다. 나는 아내다' 민수 형제도 마찬가지고."

예방 주사를 놓을 때는 팍팍 놓아도 된다.

그러나 치료 주사를 놓을 때는 여러 가지 정황을 세심하게 살펴야 한다.

이렇게 놓은 예방 주사 효과가 두 사람의 결혼 생활 동안 내내 지속되었으면 하는 바람이다.

부부관계는 몸으로 한다

결혼을 앞둔 두 사람을 놓고 결혼공부를 할 때도 이 부분에 대해 이야기 하려면 어디서 어떻게 말문을 열어야 자연스러울지 늘 생각하게 된다. 남의 이야기하듯 서두를 꺼냈다.

한 자매가 결혼했다. 이 자매는 그야말로 경건한 분위기 속에서 자랐다. 그렇지만 성경을 통해 성에 대해 배울 기회를 갖지 못했다. 믿음의 남편을 만나 많은 사람들의 축복 속에 결혼했다. 신혼여행을 다녀온 자매의 얼굴에 수심이 가득했다. 남편이 가까이 오는 것이 너무 싫었다. 이유를 모르는 남편은 자기가 무엇을 잘못했느냐고 아내에게 물었지만 아내는 말하지 않았다. 그녀에게 밤은 그야말로 고통스러운 시간이다. 너무 너무 싫은데 달리 도망갈 길도 없다.

남편은 성가대 지휘자다. 주일이면 가운을 입고 성가대 지휘를 하는 남편을 바라보면서 그의 이중성 때문에 성가대 찬양이 전혀 귀에 들어오지 않았다. 그녀의 마음속에서는 계속 남편이 변태라는 생각이 떠나지 않았다. 자신이 결혼을 잘못했다는 생각에 괴로운 날들을 보냈다. 당연히 결혼 생활에 심각한 위기가 찾아왔다.

어느 날 친정에 가서 이혼을 했으면 좋겠다고 이야기했다. 부모님들이 깜짝 놀라고 당황한 것은 두말할 나위도 없다. 이유를 물어도 말하지 않고 막무가내로 이혼하겠다는 딸을 보는 부모 마음은 타들어 갔다. 그 부모는 다니는 교회 목사님에게 긴급 도움을 청했다.

목사님이 사모님과 함께 도착했다. 자매는 울기만 할 뿐 말을 하려고 하지 않았다. 다행히 사모님이 상담을 전공한 분이고 결혼상담사역도 한 분이라 두 사람만 남겨 놓고 모두 자리를 피해 주었다.

오랜 시간을 거쳐 자매가 털어놓은, 이혼까지 고려한 심각한 문제는 남편이 부부관계를 할 때 입을 사용한다는 것이다. 자신만 사용할 뿐 아니라 자기에게도 요구한다며 치를 떨었다. 그것이 이혼을 하려고 하는 이유냐고 사모님이 물었다.

"네, 그런 변태하고 어떻게 평생을 살아요. 그건 몹쓸 비디오에서나 나오는 음행 아닌가요?"

여기까지 이야기하고 질문을 했다.
"수현 자매, 이 자매가 겪고 있는 일에 대해 어떻게 생각해요?"
"…."
어려운 것을 물었다.
알아도 대답하기 어려울 것이고, 또 몰라서 대답을 못했을 수도 있다.
"그날 이 자매가 이 사모님을 만나지 않았더라면 어쩌면 이 결혼은 파경을 맞았을 수도 있습니다. 체위 중에 건전한 체위가 있고 불건전한 체위가 있는 것으로 생각하는 이들도 있습니다.

자라면서 야한 동영상에 노출된 경험이 있는 경우, 그 동영상에서 본 체위는 나쁜 것, 죄라고 생각할 수 있습니다. 그런데 결혼하고 나서 남편이 그런 요구를 하게 되면 무척 당황할 수도 있습니다.

우리는 앞에서 공부했습니다. 성이 결혼 안에 있느냐 밖에 있느냐에 따라 죄가 되고 안 되는 것입니다. 체위에 따라 죄가 되고 안 되는 것이 아닙니다. 물론 비인격적이고 폭력적인 것을 배우자에게 요구해서는 안 된다는 것은 기본 전제 사항입니다.

결혼 밖에서 관계를 갖는다면 어떤 체위로 관계를 할지라도 그것은 죄입니다.

우리가 앞에서 읽은 성경말씀에 아내가 자기 몸을 주장하지 못하고 오직 그 남편이 하며 남편도 그와 같이 자기 몸을 주장하지 못하고 오직 그 아내가 한다고 했지요? 여기에 몸이 나오네요. 자신의 몸을 주장할 수 있는 권리는 배우자에게 있습니다.

나중에 혹 민수가 몸을 요구할 때 친정으로 이혼하겠다고 달려가서는 안 됩니다. (웃음)

우리는 어떤 일을 해도 무리하면 안 됩니다. 부부관계도 마찬가지입니다. 적당하게 해야 합니다.

시대에 따라 성이 무시되던 때가 있었습니다. 반면 모든 것을 성으로 해석하는 때도 있었습니다. 성은 적당해야 합니다. 성이 인생의 전부인 것처럼 여겨도 안 됩니다. 성은 아무것도 아니라고 여겨서도 안 됩니다. 성을 숭배해서도, 성을 무시해서도 안 됩니다. 결혼을 성이 전부인 것처럼 생각해서는 안 됩니다. 결혼에서 성이 차지하는 비중도 적당해야 합니다.

두 사람의 인생에서, 두 사람의 결혼에서, 성은 하나님께서 정해 주신 범위만큼만 비중을 차지해야 합니다."

과거를 묻지 말라

"과거라는 말이 나오면 누구나 다 긴장합니다. 두 사람의 경우는 그렇지 않겠지만 일반적으로 그렇습니다.

처음으로 만난 이성과 교제를 하고 결혼에 이르는 경우도 있습니다. 첫사랑이 결혼에 이른 경우지요.

그러나 많은 경우 하나님께서 짝지어 주신 배우자를 찾는 과정에서 시행착오를 겪지요. 이 사람인가 해서 교제를 한 경우도 있을 수 있습니다. 그러다 그가 자기 짝이 아닌 것을 발견하고 헤어졌습니다.

이런 경우는 보는 관점에 따라 하나님께서 짝지어 주신 것을 찾는 과정에 있었던 시행착오로 볼 수도 있고, 과거로 볼 수도 있습니다.

두 사람이 결혼하기로 결정을 했다면 교제 중에도 그렇고, 결혼 후에도 그렇고, 하지 말아야 할 일이 있습니다. 그것은 상대의 과거를 묻는 일입니다. 과거를 캐는 일입니다. 과거를 화제 삼는 일입니다.

'첫 키스는 누구랑 했어?' 세상에 이걸 배우자에게 물어서 무슨 답을 듣기 원하는 것일까요? '누구긴 누구야 당신이지' 이 말을 듣고 싶어서 묻는 말이겠지만 그러다 다른 사람이 등장하면 어떻게 해요.

어떤 사람은 결혼하고 양심의 가책을 느낀 나머지 배우자에게 과거를 있는 그대로 털어놓았습니다. 용서받고 싶어서 그렇게 한 일입니다. 사람의 기억 속에는 자연히 사라지는 것들도 많이 있습니다. 그러나 아무리 지우려고 해도 지워지지 않는 것들도 있습니다. 아마 그중에 하나가 어떻게 알게 되었든, 배우자의 과거일 것입니다. 이것을 알아 피차간에 누구에게도 유익이 되지 않습니다.

두 사람은 다 과거가 없는 사람이겠지만 혹시라도 있다면 서로에게 알리지 말고, 알려고도 하지 마세요.

죄 중에는 하나님께 회개하고 용서받으면 되는 죄가 있습니다. 제사 중에 속죄제가 있고 속건제가 있습니다. 이 둘의 차이가 뭔지 알아요? 이 두 제사의 차이는 하나님께 자백하고 사함받는 제사가 속죄제이고, 하나님께 자백하고 죄를 지은 사람에게 1/5을 더해 배상을 하고 사함받는 제사가 속건제입니다.

가장 이상적인 것은 과거가 없는 것입니다. 그러나 혹 그렇지 못하다면 그 과거를 예수 그리스도께 회개함으로 없애버리기 바랍니다. 예수님께 회개하면 죄가 사라집니다. 과거가 과거로 남아 있는 것이 아니라 사라졌습니다. 과거가 없어졌습니다.

지은 죄가 없어 과거가 없는 사람도 있고, 지은 죄는 있지만 예수님께 이미 사함받아 과거가 없는 사람도 있습니다. 과거가 없기는 두 사람 다 마찬가지입니다.

두 사람 다 과거 없는 사람이 되기를 바랍니다. 혹시라도 과거가 있다면 그 과거를 예수님께 고함으로 사함받으시기 바랍니다. 그러면 더 이상 과거 있는 사람이 아닙니다. 배우자에게 고백할 과거가 없는 사람입니다. 이런 사람은 누가 '당신은 과거가 있느냐?'고 물으면 당당하게 말할 수 있습니다. '나는 과거가 없습니다' 거짓말을 하는 것이 아닙니다. 예수님의 은혜로 나의 과거가 사라진 것입니다.

과거로 인한 죄책감에 시달리며 결혼 생활을 하는 것은 어리석은 일입니다. 예수 그리스도께 나아가 용서받고 당당하게 결혼 생활을 해야 합니다.

이미 회개하고 용서받았는데도 그것이 계속 기억나 괴롭힌다면 사단을 향해 물러가라고 외쳐야 합니다. 우리로 하여금 지은 죄를 처음 생각나게 하시는 분은 성령입니다. 이미 회개하고 용서받은 죄를 다시 기억나게 하는 것은 사단의 짓입니다. 사단에게 속아 또 회개해서는 안 됩니다. 회개는 다다익선이 아닙니다. 한 번만 하면 됩니다.

우리가 우리의 죄를 자백하면 하나님은 미쁘시고 의로우사 우리의 죄를 사하여 주십니다. 예수 안에서 사함받고 과거 없는 사람으로 사는 것은 배우자를 위하는 일이기도 합니다. 그것은 배우자로 하여금 괜한 갈등과 고민을 하지 않도록 해 주는 일입니다.

'선은 몇 번 봤어?', '선 본 남자 중에 나보다 맘에 든 남자가 있었어?' 이런 것은 왜 묻습니까? 어리석은 일입니다. 농담 중에라도 상대의 과거를 묻지 말고, 자신의 이미 사라진 과거도 말하지 말아요. 이것은 평생을 사는 동안 불문율과 같이 부부간에 지켜야 할 일입니다.

혹시라도 배우자의 과거를 고백받았거나, 다른 경로를 통해 알게 되었다면 하나님께 기도하세요. 하나님께서 자기 배우자의 과거를 용서하시고 기억도 안 하시는 것처럼 자신에게도 그런 은혜를 달라고 기도하세요.

그리고 그것을 평생 화제에 올리지 마세요. 아무리 화가 나는 일이 있어도, 속상한 일이 있어도 그것을 말하지 마세요. 이미 회개하고 용서받은 죄를 다시 기억나게 하는 게 사단의 일인 것처럼, 이미 용서한 죄를 다시 기억나게 하는 것 역시 사단의 일입니다. 사단에게 속아서는 안 됩니다. 이미 용서한 일을 다시 재론하는 것은 사단의 전략에 말려드는 일입니다."

물 샐 틈 없는 사랑

"민수, 창세기 2장 25절을 좀 읽어 줄까?"

 아담과 그 아내 두 사람이 벌거벗었으나 부끄러워 아니하니라

"민수, 이 말씀은 아담과 그의 아내 두 사람은 벌거벗어도 부끄러워하지 않지만, 다른 사람들 앞에서 벌거벗는 것은 부끄러운 일이라는 의미야.

 이 말씀의 의미에 대해 여기서 한 가지를 적용하고 가자고.

 두 사람의 부부관계와 관련된 일들은 두 사람만의 비밀이 되어야 해. 부부간의 성에 대한 이야기는 다른 사람과의 대화에 화제가 되지 않도록 하고. 앞에서 읽은 잠언 말씀에도 '그 물로 네게만 있게 하고 타인으로 더불어 그것을 나누지 말라' 는 말씀이 있었지? 친구를 만나서 우리 아내는 잠자리에서 이렇고 저렇다고 이야기하는 것은 부끄러운 일이야. 그 이야기를 들은 친구가 그대 아내를 볼 때 머릿속에 무슨 생각이 들겠어.

 부부관계는 소중한 것이야. 두 사람만의 비밀로 간직해야 해. 그걸 다른 사람과 나누는 일은 부끄러운 일이야."

"네, 잘 알겠습니다."

"오늘 두 사람 수고 많았어요. 쉽지 않은 주제를 공부하느라고 애를 많이 썼네요. 다음 주는 이번 주보다는 조금 쉬운 주제를 같이 나눌 테니 편안한 마음으로 오도록 해요.

숙제가 있어요. 다음 주에 올 때는 본인의 재산과 부채 목록을 만들어 가지고 오도록 해요. 현금과 예금 그리고 부동산이 있다면 부동산도. 부채가 있다면 그것도 적어 오도록 해요.

부모님 재산을 적어 오는 것은 아니고, 본인 것을 적어 오면 됩니다. 혹 부모님이 미리 유산으로 남겨준 것이 있다면 그것도 적어 오도록 해요."

study 8

연합 배우기 4
_ 결혼, 돈의 연합

이러므로 남자가 부모를 떠나 그 아내와 연합하여
둘이 한 몸을 이룰지로다(창 2:24).

한 커플의 이혼 소식을 들었다. 민수와 수현 자매도 아는 커플의 이혼이다. 결혼공부를 하는 중에 접한 이혼 소식이라 더욱 마음이 아팠다.

이혼 소식을 들을 때마다 얼마나 힘들면 이혼을 했겠나 하는 마음이 들면서도 안타까운 마음은 금할 수 없다.

'내가 주례한 커플들 중에는 이혼한 사람이 없다.'

이렇게 말할 수 있다면 얼마나 좋을까?

민수와 결혼공부를 하게 된 데는 이런 안타까운 마음도 한몫했다.

두 사람도 이들의 이혼 소식을 알고 있었다.

여덟 번째 결혼공부는 이혼 이야기로 시작되었다.

"사람들은 왜 이혼을 할까?"

민수에게 물었다.

"글쎄요."

"아마 우리가 알 수 없는 여러 가지 이유가 있을 거야. 그중에는 부모를 떠나지 못해서, 둘이 연합하지 못해서, 둘이 한 몸을 이루지 못해서 이혼을 하는 경우도 있을 거야.

결혼 생활에 대한 상담을 하다 보면 결혼 문제가 대부분 이 셋과 연관되어 있는 경우가 많아. 부모를 떠나지 못해 고부간이나 장모와 사위 간에 갈등이 생기는 경우도 있어.

남편과 아내 두 사람이 합하지 못하다 보니 부부 지간에 갈등이 많이 생기기도 해.

두 사람이 하나를 이루지 못하다 보니 머리가 둘인 곳에서 나타나는 갈등이 있을 수 있지.

우리 공부 열심히 하자고. 그리고 결혼하고 잘 사는 거야. 이혼하지 않고. 오늘도 성경이 말하는 결혼의 정의를 암송하고 결혼공부를 시작하자고."

> 이러므로 남자가 부모를 떠나 그 아내와 연합하여 둘이 한 몸을 이룰지로다

내 돈 네 돈, 우리 돈 만들기

결혼은 남편과 아내 두 사람이 연합하는 것이다. 연합은 합하는 것이다.

"우리는 지금까지 결정권의 연합, 그리고 몸의 연합에 대해 공부했습니다. 오늘도 역시 남편과 아내가 연합해서 하나를 이루는 것에 대해 공부를 합니다. 오늘의 주제는 돈입니다.

민수, 지금 가지고 있는 돈을 다 꺼내 봐.

수현 자매도 마찬가지로 다 꺼내 봐요."

예기치 않은 일 앞에서 사람들은 늘 당황한다.

소지품 검사 시간도 아니고, 결혼공부를 하다 갑자기 주머니 속에 있는 돈을 다 꺼내라고 하니 의아하기도 하고 쑥스럽기도 한 모양이다.

두 사람은 지갑과 핸드백 안에 있는 돈뿐 아니라 이 주머니 저 주머니에 있는 돈까지 다 꺼내 놓았다.

"혹 두 사람 지갑이나 주머니에 남은 돈 있는지 다시 한 번 찾아봐요."

수현 자매가 열심히 찾아 핸드백 안쪽 주머니에서 동전 몇 개를 더 꺼내 놓았다. 민수도 가방 안쪽에서 만 원짜리 두 개를 더 찾아냈다.

나는 두 사람이 꺼내 놓은 돈을 누구 돈이 얼마인지 세지 않은 상태에서 섞어버렸다.

"이것이 결혼입니다."

두 사람의 섞은 돈을 들고 선언했다.

"결혼은 두 사람의 돈을 합치는 것입니다. 두 사람의 돈을 합쳐서 하나로 만드는 것이 결혼입니다. 두 사람의 돈을 합친다는 것은 두 사람의 자산을 합친다는 의미입니다.

조금 전까지 민수 돈이 있었고, 수현 자매 돈이 있었지요? 그런데 지금은 민수 돈과 수현 자매 돈이 하나가 되었습니다. 이것이 결혼입니다.

두 사람 돈을 따로 세지 않고 합친 이유가 있어요. 결혼을 하면서 그것을 따로 적어 놓을 필요가 없어요.

결혼을 통해 돈을 합친 후에는 자기 돈이 얼마였는지는 더 이상 의미가 없어요. 결혼 후에는 '내 돈은 없고 오직 우리 돈'만 있을 뿐입니다."

결혼을 하면서 배우자와 돈을 합칠 마음이 있는가? 만약 이 질문에 그렇게 할 생각이 없다면 결혼하지 않는 것이 낫다. 왜냐하면 결혼이 결혼 되기 위해서는 반드시 두 사람의 돈을 합쳐야 한다. 합치기는 합치지만 처음에 자기가 얼마를 냈는지, 배우자가 얼마를 냈는지를 기록해 놓겠다는 생각도 거두어야 한다. 그것은 동업을 할 때 지분 문제 때문에 그렇게 하는 것이다. 결혼은 동업이 아니다. 결혼은 각자의 돈을 지분으로 삼아 나중에 그 수익을 분할하는 게 아니다.

"민수와 수현 자매는 결혼 후에 두 사람의 돈을 합칠 건가요?"
"네."
민수가 먼저 대답했다.
수현 자매도 망설이지 않고 대답했다.
"네."
"좋아요. 그럼 지난주에 숙제로 내 준 부채가 포함된 본인들의 재산 목록을 내 놓아 봐요."

두 사람은 A4 한 장에 정리한 재산 목록을 내 놓았다. 나는 두 사람에게 이것을 받아 상대방의 것을 전해 주었다. 민수와 결혼할 수현 자매의 돈, 수현 자매와 결혼할 민수의 돈.

거기는 민수 어머니가 집을 사기 위해 대출받은 부채도 기록되어 있었다.

수현 자매가 이 달에 결제할 카드 대금도 기록되어 있었다. 서로의 부채가 포함된 재산 목록을 바라보고 있는 두 사람에게 이야기했다.

"두 사람은 상대의 재정 상태가 이런 것을 알고도 결혼을 하기로 한 생각에는 변함이 없지요?"

"네, 목사님."

두 사람이 거의 동시에 대답했다.

일반적으로 돈 이야기는 어디서나 쉽지 않다. 더군다나 교제하는 사이에 돈 문제를 서로 나눈다는 것이 쉬운 일은 아니다. 그러나 이것은 서로가 알 필요가 있다. 혹 상대가 가진 재산이 얼마인지는 몰라도 빚이 얼마인지는 알아야 한다. 어렵더라도 결혼 전에 이런 이야기를 나눌 수 있는 기회를 갖는 것이 필요하다.

이것을 모른 채로 결혼을 하고, 결혼 후에 배우자의 빚을 알게 됨으로 어려움을 겪는 경우도 있다. 학자금 대출이 보편화되다 보니 학자금 대출을 받아 대학을 졸업하고 이것을 상환하지 못한 채로 결혼을 하면 몇 천만 원의 빚을 안고 결혼을 하는 것이다.

배우자에게 빚이 있는 것을 알고 그것을 결혼 후에 함께 담당하기로 하고 결혼을 한 경우와 그것을 알지 못한 채로 결혼을 했다가 어느 날 그 사실을 알게 되는 것은 다르다.

"여기에 적힌 이 돈은 두 사람 각자의 돈입니다."

부채가 포함된 재산 목록을 가리키면서 한 말이다.

"지금 이 돈을 어떻게 할지는 두 사람이 각각 결정할 수 있습니다. 그 돈을 부모님에게 다 드리고 빈손으로 결혼할 수도 있습니다. 아프리카 난민을 돕는 일에 일부 기부하고 나머지만 가지고 올 수도 있습니다. 지금은 두 사람 각각의 돈이기 때문에 각자가 결정할 수 있습니다.

두 사람은 이 돈을 어떻게 할 건가요? 이 돈을 그대로 갖고 결혼할 건가요?"

"네."

거의 동시에 대답했다.

"그렇다면 이제 두 사람이 결혼하면 이 부채와 재산은 합쳐집니다."

재산도 합치고 부채도 합치고

"수현 자매, 민수 어머니가 민수 집을 구입하기 위해 대출을 받았던 것이 민수의 부채로 남아 있네요. 이것을 민수의 부채가 아닌 두 사람의 부채로 받아들여야 하는데 가능하겠어요?"

"네, 목사님."

"수현 자매는 알뜰하게 잘 살았네요. 부모님에게서 물려받은 것이 없는데도 은행 잔고가 많네요."

"결혼 비용까지 다 포함된 거예요.

결혼할 때 부모님의 도움을 받을 수 있는 입장이 아니어서 제가 그 돈에서 담당해야 합니다."

"그래도 그렇지, 이렇게 많은 돈을 모은 게 참 대견스럽네. 민수는 하나님께 참 알뜰한 아내를 선물 받았네."

"네, 감사합니다."

말만 막히면 꾸뻑 인사를 한다.

물론 말이 막혀 그런 것만은 아닐 것이다.

"목사님, 실은 직장에서는 수현 자매가 제 상사입니다."

"어, 그래?"

"제가 군대를 갔다 와서 그런 것도 있고 또…."

말끝을 흐리고 수현 자매를 쳐다봤다.

"제가 연상이에요."

수줍은 듯이 수현 자매가 작은 소리로 이야기했다.

"아, 그렇군요. 반갑습니다."

연상인 커플을 만나면 반갑다. 동지를 만난 기쁨이랄까?

"요즘 금리가 올라서 대출금 상환하기까지 이자 부담도 꽤 되겠네."

"집을 팔아 대출금을 갚고 작은 집을 전세로 얻어 신혼 생활을 할 생각도 했는데 수현 자매가 부모님의 마음을 생각해 그냥 그 집에 들어가 살자고 해서 그렇게 하기로 했습니다."

"두 사람의 경제 능력으로 무리는 아니지만 빚 없이 사는 게 좋은데…."

성경을 통해 깨달은 귀한 진리가 있다. 빚 없이 사는 것이 잘 사는 것이다. 무리하지 않고 서둘지만 않아도 인생은 참 살 만하다. 형편껏 사는 것의 자유와 행복을 사랑하는 사람들 모두가 누리기를 소망한다. 그러다 보니 설교 중에도 성도들에게 빚 없이 살라는 말을 많이 한다. 빚 없이 무리하지 말고 형편껏 살자.

선한 일이라도 무리하지 말자고 늘 말하고 그것을 나 자신에게도 적용하려고 한다.

그러다 보니 빚을 안고 결혼 생활을 시작하는 민수네가 안타까웠다.

"목사님, 저…."

수현 자매가 무언가 망설이면서 말문을 열었다.

"민수 씨가 어떻게 생각할지 몰라 말을 못하고 생각만 하고 있었는데요. 혹 제게 있는 돈으로 그 대출금을 상환했으면 하는 마음이 있어서요."

민수도 뜻밖이란 표정이다. 민수도 오늘에서야 처음으로 수현 자매 통장 잔고를 안 것 같다. 오늘 뜻밖일 때 보이는 민수의 표정을 두 번 보았다. 한 번은 내가 넘겨준 수현 자매의 재산 목록을 보고, 또 한 번은 지금이다.

"어, 그래요. 쉽지 않은 결정을 했네요."

"네, 생각을 많이 하기는 했습니다. 목사님께서 아시듯이 저희 부모님들이 선교사님이시잖아요. 지금은 파송교회 지원을 받아 생활도 하고 사역도 하는데 은퇴 후에 대한 대책은 미약한 편입니다."

그렇다. 선교사 일만 명 시대를 지나 이만 명을 바라보는 우리나라지만 선교사의 은퇴 후까지 대책을 세우지는 못하고 있는 면이 있다.

"제가 맏딸이다 보니 은퇴 후 부모님이 기거하실 작은 집이라도 하나 마련해 드리고 싶은 마음이 있었습니다. 잠깐이지만 재산 목록을 적어 오라고 할 때 그 몫을 떼어 놓고 나머지만 적을까도 생각했어요.

　이런 생각을 하는 중에도 우리가 결혼하고 살 집 대출금에 대한 부담이 계속 제 안에 있었어요. 이 둘 사이에서 고민을 하다 대출금을 갚는 쪽으로 마음을 정했어요.

　이렇게 마음을 정하고 나니 이번에는 민수 씨나 부모님들이 어떻게 생각하실지 몰라 어떻게 해야 하나 하는 고민이 생겼어요."

　어른들은 젊은 사람들이 기특한 생각을 하면 요즘 아이들 같지 않다는 표현을 쓴다.

　이럴 때 민수에게 어떻게 했으면 좋겠느냐고 물으면 정답은 원래대로 부모님들을 위해 작은 집이라도 사드리라고 하는 것이다.

　그렇다고 여기서 민수가 부모님 집 사드리는 것보다 대출금을 먼저 갚자고 하면 어쩌면 이 생각을 한 수현 자매가 가장 많이 실망할지 모른다.

　왜 하나님이 이 이야기를 내가 있는 자리에서 했는지가 느껴졌다.

　"수현 자매, 참 생각이 아름답고 귀하네요. 선교사님은 참 복이 많으신 분이네요. 이렇게 귀한 딸을 두었으니 말입니다.

　하나님이 수현 자매 마음을 잘 아실 것입니다.

　민수, 수현 자매에게 대출금을 우리가 앞으로 벌어서 갚고 부모님을 위해 집을 사 드리라고 하고 싶겠지만, 수현 자매 뜻을 받아 줬으면 좋겠네.

　수현 자매 부모님이 몇 년 사이에 은퇴를 하시는 것도 아니니 그렇게 하도록 해."

　"목사님, 그래도…."

"알아, 민수 마음. 나중에 하나님이 힘 주시면 부모님이 은퇴하실 때 그때 가서 작은 집이라도 마련해 드리면 되잖아."

"네, 알겠습니다. 목사님."

"수현 자매, 잘 결정했어요. 빚 없이 결혼 생활을 시작하는 것은 참 좋은 일입니다.

민수, 알뜰할 뿐 아니라 사려 깊은 아내를 얻었구먼.

이제 두 사람이 혼수 문제 같은 것도 잘 의논을 하도록 해요. 이런 때 조금만 마음을 낮추면 부모님들에게도 부담 되지 않고 본인들도 편안할 수 있어요."

결혼하면서 부모에게 빚을 안겨 드리는 것은 안타까운 일이다. 형편껏 하면 될 텐데 현실은 그렇지 못한 것 같다.

어떤 의미에서 두 사람은 결혼을 통해 돈을 합치기가 쉬운 경우다.

결혼 전에 모아 놓은 돈이 있다고는 하지만 그것이 몇 억, 혹은 몇 십억이 되는 것은 아니다.

통장 합칠 마음 없으면 결혼하지 말라

결혼 전에 돈을 많이 벌어 놓은 사람은 결혼하기가 쉽지 않다. 정확히 말하면 결혼하고 돈을 합치기가 쉽지 않다. 그러다 보니 결혼을 하고도 돈은 합치지 않은 사람들이 생겼다. 이들은 결혼 후에도 여전히 자기 돈과 배우자 돈을 따로따로 관리한다. 그뿐 아니라 결혼 후에 얻는 소득 역시 각각 본인이 따로 관리한다. 생활은 두 사람이 일정액을 각각 내서 한다. 그러나 돈이 합쳐지지 않으면 하나가 아니다. 결혼하고 성관계로 몸을 합쳐야 결혼인 것처럼, 돈을 합쳐야 결혼이다.

가끔 결혼은 해서 몸은 합쳤지만 돈은 합치지 않아서 이혼한 사례를 접하곤 한다. 결혼 전에 번 큰돈을 결혼과 동시에 선뜻 배우자 돈과 합치기가 쉽지 않았던 모양이다. 이런 경우 배우자 입장에서도 우리 서로 돈을 합치자고 이야기하기는 쉽지 않다. 마치 돈을 보고 결혼한 것 같은 느낌이 들기 때문에 그런지 모른다. 결혼한 후에 돈을 합칠 생각이 없다면 어쩌면 결혼하지 않고 혼자 사는 게 나을지 모른다. 돈을 합치지 않은 결혼의 결과가 좋지 않기 때문이다.

결혼을 결정할 때 배우자의 돈에 자기 돈을 합칠 수 있을지를 반드시 점검해야 한다. 다른 것은 다 좋은데 자기 돈을 그의 돈과 합치는 것은 안 되겠다는 생각이 들면 그 사람과 결혼하는 것을 다시 생각해야 한다.

이런 경우 결혼하고 자기 돈을 자기가 관리하는 것을 택하기보다는 그 돈을 믿고 합칠 수 있는 다른 사람을 찾는 게 더 현명한 일이다.

돈을 합치지 않으려고 하는 것은 배우자를 신뢰하지 못하기 때문일 수 있다. 그 사람의 능력을 신뢰하지 못하거나, 그 사람 자체를 신뢰하지 못하는 경우도 있을 수 있다. 돈을 합칠 마음이 들지 않는 경우 그와 결혼하는 것을 심각히 재고해야 한다.

왜냐하면 이것이 배우자를 온전히 신뢰하지 못하고 있다는 방증이기 때문이다.

신뢰하지 못하는 사람과 결혼하는 것은 불행이다. 살아 보고 때가 되면 그때 가서 돈을 합치겠다고 생각할 수도 있다. 그러지 말라. 좀 더 교제하다 이제는 돈을 합쳐도 되겠다는 확신이 들 때 그때 결혼하라. 돈을 합칠 만큼의 신뢰도 없으면서 어떻게 몸을 합칠 수 있겠는가. 돈을 합치지 않는 그 이유를 배우자도 안다. 자신을 못 믿어서, 자신을 신뢰하지 않아서 돈을 합치지 않는 것을 안다.

기본적으로 자신을 신뢰하지 않는 배우자와 좋은 관계가 형성되기 어렵다. 돈을 합칠 생각 없이 몸만 합치는 것은 분쟁과 불행의 소지를 안고 출발하는 것이다.

돈을 합치지 않는 이유 중 또 다른 이유는 이혼시를 대비해서인 경우도 있다.

이혼할 때 재산 분할에 대비해서 아예 처음부터 자신의 재산은 자신이 별도로 관리하는 경우다. 이혼이 보편화되다 보니 아예 결혼할 때부터 이혼에 대한 대비를 이렇게 하는지도 모른다. 이 경우도 역시 신뢰 문제다. 결혼하면서 이혼할 경우를 대비한다는 그 자체가 온전히 배우자를 신뢰하지 못하기 때문에 일어나는 일이다.

"민수와 수현 자매는 참 복 받은 사람입니다. 몸을 합치고, 돈을 합칠 수 있는 배우자를 만났으니 말입니다.

혹 두 사람 오늘 제출한 재산 목록에 누락된 재산이나 부채가 있으면 나중에라도 보완하도록 해요. 왜냐하면 부부사이에는 배우자 모르는 돈이나 배우자가 모르는 부채가 있어서는 안 되기 때문입니다."

　결혼은 서로의 돈뿐 아니라 서로의 부채를 합치는 것이다.
　이 일을 위해서는 두 사람이 정직하게 자신들의 돈과 부채를 공개해야 한다.
　앞에서도 이야기했지만 결혼 전에 알지 못했던 배우자의 부채 문제로 어려움을 겪는 사람들이 있다. 이런 경우 이것은 단순한 돈 문제가 아닌 배우자에 대한 신뢰 문제로 확산되기 쉽다.

"남편 모르게 돈을 모아 목돈으로 남편에게 주는 아내가 있습니다. 지혜로워 보이지만 이는 어리석은 아내입니다.
　왜냐하면 그 남편은 속으로 내가 모르는 돈이 아내에게 있을 것이란 생각을 늘 합니다. 남편에게 주어야 할 것은 목돈이 아니라 신뢰입니다.
　남편에게 돈을 주려면 남편이 아는 가운데 돈을 모아서 필요할 때 주는 게 지혜입니다."

　돈에 대한 책을 한 권 썼으면 하는 마음이 있다. 그 책이 먼저 나왔다면 여기서 그 책을 읽고 리포트를 내라고 하면 되는데, 아직은 그 내용이 마음속과 파일 속에 흩어져 있는 상태라 아쉽다. 차후에 돈 공부 책이 나오면 결혼공부를 하는 사람들이 필수적으로 읽었으면 좋겠다.

동의 없이 보증서지 말라

"그리고 '보증을 서지 말라' 이것은 성경의 가르침입니다.

보증을 서지 않는 것이 좋습니다. 하지만 보증을 서야 하는 경우에는 반드시 부부가 의논을 하고 해야 합니다.

투자를 하는 경우도 마찬가지입니다. 부부가 의논하고 해야 합니다.

그래야 어떤 상황이 발생해도 그것이 경제적인 문제로 끝나지, 그렇지 않으면 그것이 결혼 문제로 이어집니다.

남편 모르게 보증을 서는 경우나, 아내 모르게 위험한 투자를 하거나 돈을 빌려주는 경우도 다 위험합니다. 그 자체도 위험하지만 결혼이 위기 상황을 맞을 수도 있습니다.

혹 두 사람 보증 선 일 있나요? 만약 그렇다면 그것도 채무 항목에 넣어야 합니다.

보증을 설 때는 자신은 보증을 서고 돈은 그 돈을 빌린 사람이 갚을 것이라고 생각합니다. 이렇게 생각하는 사람은 보증을 쉽게 섭니다. 그러나 이렇게 생각하면 안 됩니다.

현실적으로도 보증을 선 경우 세 사람 중에 한 사람은 자신이 그 돈을 갚는다고 합니다. 보증을 설 때는 이 돈은 자기가 갚겠다는 마음으로 서야 합니다. 이런 의미에서 보증을 서는 것은 큰 구제입니다. 누군가 보증을 서 달라고 할 때 이것을 자기가 대신 갚겠다는 마음이 있으면 서 줘요.

그러나 일방적으로 해선 안 됩니다. 반드시 부부간에 의논해야 합니다.

지금 혹 동료나 친구, 친척 보증 선 일이 있나요?"

"없는데요."

"두 사람 다 잘 살았네요."

돈 관리는 은사 있는 사람이 하라

"두 사람이 결혼하면 돈 관리는 누가 할 거예요?"

"…"

서로 얼굴만 마주 볼 뿐이다.

"수현 자매, 결혼 후에 돈 관리는 아내가 해야 한다고 생각하는 사람들이 많은데 수현 자매 생각은 어때요?"

"글쎄요. 거기까지 생각을 하지 않아서…."

"민수는 어떻게 할 생각인가?"

"전 아내에게 맡길 생각입니다."

수현 자매를 보며 씩씩하게 말했다.

결혼 후에 가정의 재정 운영은 누가 맡아서 할 것인가? 정답이 있을까? 가정의 결정권이 남편에게 있다는 것을 감안하면 이 결정 역시 남편의 몫이다. 본인이 관리하는 것으로 결정할 수도 있고, 아내에게 맡겨 관리하는 것으로 결정할 수도 있다.

이 결정을 할 때 기준은 "누가 재정 관리에 은사가 있느냐"이다. 아내가 재정 관리 능력이 있으면 아내에게 맡기면 된다. 아내가 숫자만 봐도 어지러운 경우라면 남편이 하면 된다.

가정의 수입 중 생활비만 아내에게 주고 나머지는 남편이 관리할 수도 있다. 모든 것을 다 아내에게 맡긴 후에 남편이 필요한 돈을 타서 써도 된다. 재정 관리 능력이 없는 아내에게 재정을 맡기는 것은 지혜로운 결정은 아니다. 규모가 없는 자신이 재정 관리를 맡아 늘 쪼들리며 사는 것 역시 지혜로운 결정은 아니다. 남편은 은사를 따라, 능력을 따라 가정의 재정 운영을 누가할 것인지를 결정하면 된다.

남편이 자신에게 재정을 맡기지 않는 것을 곧 자신을 믿지 못하는 것으로 생각해서는 안 된다. 이것은 신뢰 문제일 수도 있지만, 은사 문제일 수 있다.

재정 관리 은사가 없는 아내가, 재정을 자기에게 맡기지 않는 것은 곧 자신을 믿지 못하는 증거라며 재정을 자신에게 맡김으로 "당신이 나를 신뢰하는 증거를 보여 달라"고 하는 것은 현명한 일이 아니다. 재정 관리 은사가 있는 사람이 하도록 하는 것이 현명한 일이다. 중요한 것은 누가 재정 관리를 하든지 그 내용은 부부가 공유해야 한다는 것이다. 중요한 결정은 그때마다 함께 의논하고 내리는 것이 필요하다.

"민수, 잘했네. 아내에게 재정을 맡기는 것은 아내의 삶을 활기차게 하는 요소가 될 수도 있다네.

잠시 만나 봤지만 수현 자매에게 가정 경제를 맡기기로 한 것은 잘한 결정 같네. 두 사람은 잘살 거야. 경제적으로도."

"감사합니다."

"다음 주는 결혼공부의 마지막 시간이네."

"벌써요?"

"두 사람 결혼 날도 이제 얼마 안 남았잖아."

"목사님, 식사라도 한번 대접하고 싶은데…."

"고맙네. 그럼 다음 주에는 도시락 먹으면서 할까?"

"도시락으로요? 좀 더 정성껏 모시고 싶은데 시간 좀 내 주세요."

"고마워요. 공부 중간엔 도시락을 먹는 거야. (웃음)"

"네, 알겠습니다."

"사랑해요."

두 사람을 가볍게 포옹해 주었다.

좋은 사람들.

study 9

하나 됨 배우기
_결혼, 하나 됨의 행복

이러므로 남자가 부모를 떠나 그 아내와 연합하여
둘이 한 몸을 이룰지로다(창 2:24).

Marriage Guidebook

    결혼공부도 이제 막바지에 이르렀다.
    창 밖 풍경에서 계절의 변화가 느껴졌다.
    결혼을 앞둔 사람들과 함께하는 시간, 행복하다.

    언젠가는 나도 결혼을 할 것이다.
    그날에는 나는 신부가 되어 신랑을 맞을 것이다.
    나의 영원한 신랑 예수 그리스도를.
    두 사람이 그날을 위해 준비하는 것처럼 나도 그날을 위해 준비하고 있다.
    주님의 말씀이 내 안에, 내가 주님 안에 거하는 그 신비스러운 연합의 삶을 살면서 그분을 뵈올 날을 고대하고 있다.
    세상 끝이 있다는 것이 두렵고 떨릴 만도 한데, 그날이 사랑하는 나의 신랑 예수님을 만나는 날이라는 사실이 오히려 나를 설레게 한다.
    두 사람도 결혼하는 그날을 이렇게 사모하며 기다리겠지.
    오늘따라 아내가 유난히 보고 싶다.
    함께한 세월이 강산이 몇 번 바뀌었는데도 여전히 아내를 생각하면 마음이 설렌다.

늘 나의 부족함을 채워 주고 나의 연약함을 도와준 사랑하는 아내다.

이번에 결혼공부를 하면서 다시 한 번 아내가 고마웠다.

기업을 함께 받을 귀한 아내와 더불어 남은 평생도 천국을 경험하며 살고 싶다.

"목사님."

두 사람이 생선초밥을 들고 왔다.

"혹시 깜빡 하시고 식사하신 건 아니지요?"

"그럼. 내가 벌써 그렇게 되면 어떡해. 더군다나 생선초밥인데. (웃음)"

"목사님, 사모님도 함께 드시면 좋을 텐데…. 지금이라도 연락하시지요?"

내가 아내 생각을 하고 있었던 게 얼굴에 써 있었나 보다.

"나중에 기회 되면 수현 자매는 내 아내와 밥 한번 먹도록 해요. 좋은 이야기 많이 들을 수 있을 거예요."

좋은 사람, 만나서 즐거운 사람과 밥을 함께 먹는 것은 참 행복한 일이다.

두 사람도 나와 밥 먹는 것을 그렇게 느꼈으면 좋겠다.

"오늘도 여전히 우리는 성경이 말하는 결혼의 정의를 암송하고 공부를 시작해야지요?

> 이러므로 남자가 부모를 떠나 그 아내와 연합하여 둘이 한 몸을 이룰지로다

남자가 부모를 떠났고, 그의 아내와 합했지요?

지금까지 우리가 공부한 것을 복습하는 겁니다.
이제는 그들이 한 몸을 이룰 차례입니다."

하나 되기 위하여

"한 몸을 이루라는 말을 처음 읽을 때는 성관계를 하라는 말로 알았습니다. 물론 그렇게 해석할 수 있습니다.
그런데 우리가 앞에서 살펴본 대로 합하라는 말씀 안에 그 의미가 들어 있습니다. 그렇다면 한 몸을 이루는 것은 무엇을 의미하는 것일까?
우리는 오늘 이것을 공부할 것입니다."

한 몸을 이루라는 말씀을 영어 성경에서는 "they shall become one flesh"라고 적고 있다.
한 몸을 이루는 것이 어떤 의미인지는 고린도전서 10장에 있는 말씀을 참고하면 쉽게 알 수 있다.

> 우리가 축복하는 바 축복의 잔은 그리스도의 피에 참예함이 아니며 우리가 떼는 떡은 그리스도의 몸에 참예함이 아니냐
> 떡이 하나요 많은 우리가 한 몸이니 이는 우리가 다 한 떡에 참예함이라
> (고전 10:16-17).

이 말씀은 예수님 안에서 우리가 어떻게 하나가 되는지를 가르쳐 주고 있다. "떡이 하나요 많은 우리가 한 몸"이라는 이 말씀의 표현 속에서 우리는 어렵지 않게 한 몸이 곧 하나 됨을 의미하는 것을 알 수 있다.

"결혼의 정의 가운데 나오는 '한 몸을 이루라'는 것은 '하나가 될 것이라'는 말씀입니다. 이러므로 부모를 떠나 그 아내와 합한 그들은 하나가 될 것이라는 의미입니다.

예수를 믿는 우리에게 익숙한 표현이 있습니다. 그것은 하나 됨입니다.

성경을 통해 우리는 우리를 향하신 하나님의 뜻이 무엇인지 어렵지 않게 찾을 수 있습니다. 그중에 하나가 하나 되는 것입니다. 여럿이지만 하나 되는 것, 이것이 예수 공동체의 신비입니다. 이것을 우리가 조금 전 읽은 고린도전서 10장 말씀도 잘 설명해 주고 있습니다.

우리 함께 성경을 찾아볼까요? 에베소서 4장 1절부터 6절입니다.

> 그러므로 주 안에서 갇힌 내가 너희를 권하노니 너희가 부르심을 입은 부름에 합당하게 행하여
>
> 모든 겸손과 온유로 하고 오래 참음으로 사랑 가운데서 서로 용납하고 평안의 매는 줄로 성령의 하나 되게 하신 것을 힘써 지키라
>
> 몸이 하나이요 성령이 하나이니 이와 같이 너희가 부르심의 한 소망 안에서 부르심을 입었느니라
>
> 주도 하나이요 믿음도 하나이요 세례도 하나이요 하나님도 하나이시니 곧 만

유의 아버지시라 만유 위에 계시고 만유를 통일하시고 만유 가운데 계시도다

'하나 되게 하신 것을 힘써 지키라'고 하면서 왜 우리가 하나가 되어야 하는지를 이 말씀이 잘 설명하고 있습니다. 성경을 보면 하나님은 우리를 향해 화목하라, 평화하라고 말씀하십니다.

할 수 있거든 너희로서는 모든 사람으로 더불어 평화하라(롬 12:18).
너희끼리 화목하라(살전 5:13).

이 말씀 속에 담긴 뜻 역시 하나 되라는 것입니다.
하나가 된 상태가 화평입니다. 화목입니다. 평화입니다.
하나가 된 결과가 평안입니다. 평강입니다.
불화는 하나 되지 못한 상태입니다.
불만은 하나 되지 못한 결과입니다.
하나 되는 것, 이것은 하나님의 뜻입니다. 여럿이지만 하나 되는 길을 하나님은 결혼을 통해 밝히 드러내 주신 것입니다.

그것이 남자가 부모를 떠나 그 아내와 합하는 것입니다. 남자와 여자가 부모에게서 결정권을 가지고 와서 그 두 개의 결정권을 합치는 것입니다. 아내가 남편을 자신의 결정권자로 인정하고 자신이 부모에게서 가지고온 결정권을 남편에게 넘겨주면 그들은 한 몸을 이룹니다. 하나가 됩니다.

민수, 그리고 수현 자매, 두 사람이 결혼을 해서 가장 소중하게 마음에 간

직해야 할 것이 하나 됨입니다. 하나 됨을 늘 유지해야 합니다. 이것이 두 사람을 결혼하게 하신 하나님의 뜻입니다. 우리가 지금까지 결혼공부를 한 이유도 바로 이 하나 됨을 위해서라고 할 수 있습니다.

천국을 경험하는 결혼, 하나 될 때 가능한 일입니다.

행복한 결혼, 이것 역시 하나 될 때 가능한 일입니다.

하나 되면 평안합니다. 하나 되면 행복합니다. 하나 되면 기쁩니다. 하나 되면 신납니다.

하나 되기 위해 남자는 부모를 떠나야 합니다.

하나 되기 위해 남자는 그 아내와 합해야 합니다. 모든 것을 합해야 합니다.

하나 되기 위해 아내는 남편을 결정권자로 인정해야 합니다.

하나 되기 위해 아내는 남편의 결정에 순종해야 합니다."

두 사람 얼굴에 행복이 봄날에 아지랑이 피어오르듯 올라왔다.

'로 토브'가 '토브 메오드'로

"수현 자매, 하나님이 세상을 창조하시고 하나만 빼고 다 좋다고 하셨어요. 그 하나가 무엇인지 기억나요? 우리가 앞에서 공부한 내용 중에도 있는데…."

"네, 아담이 혼자 있는 것을 하나님이 보시고 좋지 않다고 하셨어요."

"훌륭해요. 정답입니다.

하나님이 창조하신 것은 하나님이 보시기에 좋았어요. '좋았다'는 말을 히브리어로는 '토브'라고 합니다.

하나님은 창조하신 후에 다 '토브 토브' 하셨어요. 그런데 남자를 창조하신 후에 그가 혼자 있는 것을 보시고는 '로 토브'라고 하셨어요. '좋지 않다'는 뜻입니다. 나쁘다는 의미는 아닙니다. 이보다 더 좋은 상태가 있음을 암시하는 말입니다.

이 말씀을 하시고 하나님은 아담을 깊이 잠들게 하시고 하와를 창조하셨습니다. 그 하와를 아담에게로 데리고 가서 결혼을 시켜 주셨습니다. 이렇게 하고 하나님의 창조는 끝났습니다.

그 후에 하나님은 하나님이 창조하신 피조물을 종합 평가해 주셨습니다.

> 하나님이 그 지으신 모든 것을 보시니 보시기에 심히 좋았더라(창 1:31).

아담 홀로 있을 때는 그것이 하나님 보시기에 좋지 않았습니다. 아쉬움이 있었습니다.

그런데 아담과 하와 이 둘이 합하여 하나가 되니 하나님 보시기에 심히 좋았습니다. '로 토브'가 '토브 메오드'가 되었습니다. '메오드'는 '심히'에 해당하는 히브리어입니다. 양과 질에 있어서 더할 나위 없이 좋은 상태를 나타내는 말입니다.

이제 두 사람도 하나님이 보시기에 심히 좋은 가정을 이룰 것입니다.

하나님이 보시기에 심히 좋은 가정은 사람이 보아도 아주 좋은 가정이 될 겁니다. 두 사람이 만나 이루는 가정이 이렇게 되길 축복합니다."

"네, 목사님. 감사합니다."

부부가 연합하여 동거함이 토브

"주례 때 본문을 시편 133편 말씀으로 할까 해요.

결혼식 때 이 말씀을 가지고 두 사람을 축복하려고 하는데 그걸 여기서 미리 좀 보고 싶은 마음이 드네요.

한번 읽어 볼까요? 전체가 3절까지밖에 없습니다.

> 형제가 연합하여 동거함이 어찌 그리 선하고 아름다운고
> 머리에 있는 보배로운 기름이 수염 곧 아론의 수염에 흘러서 그 옷깃까지 내림 같고
> 헐몬의 이슬이 시온의 산들에 내림 같도다 거기서 여호와께서 복을 명하셨나니 곧 영생이로다

'형제가 연합하여 동거함이 어찌 그리 선하고 아름다운고'에서 '선하고'에 해당하는 히브리어가 '토브'입니다. 하나님이 세상을 창조하시고 보시기에 '좋았더라'의 바로 그 '토브'입니다.

이 말씀을 두 사람에게 적용하면 '부부가 연합하여 동거함이 어찌 그리 토브하고 아름다운고'가 됩니다. 하나님이 보시기에 좋은 가정은 부부가 연합하여 동거하는 가정입니다.

어떤 가정이 하나님 보시기에 좋은 가정이라구요? 부부가 연합하여 동거하는 가정, 형제가 연합하여 동거하는 가정, 식구들이 연합하여 동거하는 가정이 좋은 가정입니다. 아름다운 가정입니다. 서로 사이좋게 지내는 가정이 하나님 보시기에 좋은 가정입니다. 안타까운 것은 하나님이 보시기에 좋은 가정이 그것이 얼마나 좋고 아름다운지를 모르고 좋은 가정, 완벽한 가정을 만들겠다고 그것을 뜯어 고치려고 하는 것이지요. 하나님이 보시기에 어떤 가정이 좋은 가정인지 우리는 알아야 해요. 부부가 연합하여 동거하는 가정입니다. 싸우지 않고 사이좋게 지내는 가정입니다.

하나님이 거기서 복을 명하십니다. 말씀을 보세요. 형제가 연합하여 동거하는 거기서 하나님은 복을 명하십니다. 서로 용납하고 피차 용서하며 연합하는 거기서 하나님이 복을 명하십니다. 이 가정이 두 사람이 이룰 가정입니다.

한 가지만 한다는 게 주례사 때 할 핵심을 다 했네요. 어찌지요? (웃음)"

"괜찮아요, 목사님."

"고맙네. 그럼 주례 때 설교는 없는 거야. (웃음) 아직 시간이 좀 있으니 결혼식 본문은 좀 더 생각해 볼게요."

하나 됨과 온전함

두 사람과 결혼공부를 하는 동안 성경이 말하는 결혼의 정의를 참 많이 묵상했다.

이미 알고 있는 것이기에 깊은 묵상을 하지 않을 수도 있는데 하나님은 많이 묵상하게 하셨다.

"둘이 한 몸을 이룰지로다"가 이제 그들이 하나가 될 것이라는 말씀으로 다가왔다.

하나 됨을 묵상하는 가운데 '온전'이란 단어가 마음속으로 들어왔다.

하나 됨과 온전함, 이것이 둘이 아니요 하나라는 생각에 이르자 마음이 뜨거워졌다.

성경을 펼쳤다.

예수님은 우리에게 "하늘에 계신 너희 아버지의 온전하심과 같이 너희도 온전하라(마 5:48)"고 하셨다. 온전하지 못한 게 사람인데 예수님은 우리에게 온전하라고 하신다.

불가능한 것을 우리에게 하라고 하실 예수님이 아니다.

그렇다면 어떻게 온전할 수 있는가?

이것이 사실 예수를 믿는 많은 사람들의 거룩한 부담이기도 하다.

우리는 온전하게 되는 것을 죄와 허물이 하나도 없는 상태로 이해한다.

이것도 맞는 해석이다.

그래서 우리는 날마다 죄와 허물이 없는 온전한 삶을 살려고 한다.

그러나 우리 중 그 누구도 스스로 온전한 삶을 살 수 있는 사람은 없다.

그렇게 살려고 해도 우리는 연약하기 때문에 짓는 죄가 있고 허물이 있다.

그러면 우리는 좌절하고 포기하는가?

아니다. 온전하게 살려고 하다 혹 우리가 죄와 허물을 범하면 우리의 허물과 죄를 예수 그리스도의 피로 깨끗이 씻어낸다. 우리의 죄를 하나님께 자백한다. 그러면 하나님은 우리의 모든 죄를 흰 눈같이, 양털같이 깨끗하게 씻어 주신다.

이번에 두 사람과 함께 결혼공부를 하면서 하나님께서 온전하게 되는 또 하나의 길을 깨닫게 해 주셨다.

그것은 하나 되는 것이다.

성령이 하나 되게 하신 것을 힘써 지키는 것이 곧 온전하게 되는 것임을 깨달았다.

> 그러므로 주 안에서 갇힌 내가 너희를 권하노니 너희가 부르심을 입은 부름에 합당하게 행하여
> 모든 겸손과 온유로 하고 오래 참음으로 사랑 가운데서 서로 용납하고 평안의 매는 줄로 성령의 하나 되게 하신 것을 힘써 지키라 (엡 4:1-3).

> 그러므로 너희는 하나님의 택하신 거룩하고 사랑하신 자처럼 긍휼과 자비와 겸손과 온유와 오래 참음을 옷입고
> 누가 뉘게 혐의가 있거든 서로 용납하여 피차 용서하되 주께서 너희를 용서하

신 것과 같이 너희도 그리하고

이 모든 것 위에 사랑을 더하라 이는 온전하게 매는 띠니라(골 3:12-14).

에베소서 말씀은 하나 되는 길을 가르쳐 주는 것이라면, 골로새서 말씀은 온전하게 되는 길을 가르쳐 주고 있다. 그런데 하나 됨에 이르는 길이나 온전함에 이르는 길이 같다. 방법이 같다. 이것이 깨달아지자 민수와 수현 자매에게도 이 은혜를 나눠주고 싶었다.

온전함으로 가는 길

"민수, 그리고 수현 자매, 조금 전에 함께 읽은 에베소서와 골로새서 말씀을 통해 우리는 하나 되는 길을, 온전하게 되는 길을 발견할 수 있습니다. 여기서 하나 됨에 이르는 방법, 온전함에 이르는 방법을 찾아봐요.

이 두 말씀에 공통적으로 들어 있는 것을 찾아보면 될 것 같네요."

두 사람이 한 사람은 에베소서, 한 사람은 골로새서를 펼쳐 놓고 손가락으로 짚어가며 찾았다.

"겸손과 온유 그리고 오래 참음이 두 구절에 공통적으로 들어 있지요? 하나 되기 위해서는 사람을 대하는 기본이 겸손과 온유여야 합니다. 두 사람이 하나 되기 위해서는 서로를 향해 겸손과 온유가 기본이 되어야 한다는 말입니다. 그리고 오래 참아야 합니다. 이제 결혼해서 살아 보면 알겠지만 참느냐 참지 못하느냐로 하나가 되기도 하고 둘이 되기도 합니다. 온전한 가정을 만들기 위해, 온전한 아내와 남편을 만들기 위해 더 이상 참지 않고 마음에 있는 말을 다 하는 사람도 있어요. 이것은 온전함에 이르는 길이 아닙니다. 이것은 성내는 것입니다. 우리는 참아야 합니다. 그것도 오래 참아야 합니다. 오래 참으면 온전한 가정이 돼요.

그리고 또 두 구절에 공통적으로 들어 있는 말씀이 있지요? 서로 용납하라는 말씀이 있지요?

골로새서 말씀에는 피차 용서하라는 말씀이 첨가 되어 있지요? 그래요. 하나 되기 위해서는 서로 용납하고 피차 용서해야 합니다.

우리가 지금까지 공부한 내용이 이 두 구절 안에 다 들어 있는 것이 보이지요?

두 사람이 서로의 연약한 점을 적고 그것을 있는 모습 그대로 받아들이기로 했지요? 우리, 과거를 묻지 않겠다고 했지요? 이것이 서로 용납하고 피차 용서하는 겁니다. 이렇게 해야 하나 되고, 이렇게 해야 온전해집니다.

안타까운 것은 온전하게 되는 길을 모르고 거꾸로 가고 있는 사람들이 있어요. 본인은 온전하게 되기 위해 가는 길이라고 하는데, 실제로는 정반대로 가는 사람들입니다.

온전하기 위해서는 서로 용납하고 피차 용서해야 합니다. 그래야 온전해지고, 그래야 하나 됩니다.

그런데 용납하고 용서하는 대신에 그것을 지적하고 비판하고 공격하는 사람들이 있어요. 딴에는 온전하기 위해서 이렇게 합니다. 온전한 남편, 온전한 아내, 온전한 아들딸을 만들기 위해 이렇게 합니다. 온전하게 되기 위한 목표 설정은 잘됐는데 그만 길을 몰라서, 방법을 몰라서 이렇게 하고 있는 것입니다. 안타까운 일입니다. 두 사람은 길을 알았으니, 방법을 알았으니 엉뚱한 길을 걷는 일은 없어야 해요.

또 두 구절에 공통적으로 있는 말씀이 있지요? '사랑 가운데서, 이 모든 것 위에 사랑을 더하라' 그래요. 사랑하라는 것입니다. 사랑해야 하나 되고, 사랑해야 온전해집니다. '하늘에 계신 너희 아버지의 온전하심과 같이 너희도 온전하라(마 5:48)'는 말씀은 곧 '그리스도께서 너희를 사랑하신 것 같이 너희도 사랑 가운데서 행하라(엡 5:2)'는 말씀의 다른 표현이라고 할 수 있습니다."

온전함에 대해 강조하다 보니 숨쉴 겨를도 없이 한 걸음에 달려온 느낌이다. 잠시 숨을 고르고 두 사람을 바라봤다.

"두 사람, 온전한 가정 이루길 축복합니다."

"감사합니다."

"두 사람, 사랑해야 해요. 사랑하는 것이 곧 하나 되는 길이고, 온전해지는 길입니다.

사랑이란 이름이 여럿인 것 알아요?"

무슨 뜻일지 궁금한 듯 두 사람 눈이 동시에 커진다.

"남편이 아내를 귀하게 여기는 것이 곧 남편이 아내를 사랑한다는 것입니다.

아내가 남편에게 순종하는 것이 곧 남편을 사랑하는 것입니다.

자녀가 부모를 공경하는 것이 부모를 사랑하는 것입니다.

어른이나 윗사람을 사랑하는 것은 존경한다고 표현할 수 있습니다.

어른이 아이를 사랑하는 것은 예뻐한다고 할 수 있습니다.

사람이 하나님을 사랑하는 것은 경외한다고 표현할 수 있습니다.

사랑은 사랑으로 표현되기도 하지만 이렇게 다른 이름으로 표현되기도 합니다.

남편에 의해 귀히 여김을 받는 아내가 남편에게 사랑 받지 못한다고 생각해선 안 됩니다.

남편에게 순종하는 아내는 남편을 사랑하는 것입니다.

순종하는 아내를 둔 남편은 아내에게 충분한 사랑을 받는 사람입니다.

수현 자매, 이 버전으로 민수에게 사랑 고백 한번 해 볼래요?"

"…민수 씨 결정에 순종할게요."

"당신은 내 살 중의 살이요 뼈 중의 뼈라오. (웃음)"

"아니, 벌써 당신이란 표현이 이렇게 자연스럽게 나와? (웃음)"

민수가 분위기를 바꾸어 놓았다.

순종함을 배워 온전하게

"수현 자매, 성경을 보는 중에 순종이란 단어와 온전이란 단어가 한 문장에 든 말씀이 있어요. 히브리서 5장 8절부터 10절까지 말씀입니다. 수현 자매가 한 번 읽어 줄까요?"

그가 아들이시라도 받으신 고난으로 순종함을 배워서 온전하게 되었은즉
자기를 순종하는 모든 자에게 영원한 구원의 근원이 되시고
하나님께 멜기세덱의 반차를 좇은 대제사장이라 칭하심을 받았느니라

"이 말씀은 예수님에 대한 말씀입니다. 이 말씀 중에 우리가 주목하는 것은 '순종함을 배워서 온전하게 되었다'는 부분입니다.
 수현 자매, 결혼해서 온전한 가정을 이룰 겁니다. 온전한 가정을 위해 수현 자매가 어떻게 해야 할지를 여기서도 배울 수 있습니다. 순종은 온전함에 이르는 길입니다."
"네, 목사님. 순종하겠습니다."
"네, 목사님. 저는 귀히 여기며 사랑하겠습니다."
민수의 재치가 빛을 발했다.

"차 한 잔 마실까요?"
내가 제안했다.
커피를 한 잔 마시고 싶었다.
말레이시아 선교사님이 가져다준 인삼 커피가 서랍 어디에 몇 개 남은 것이 생각났다.

커피 한 잔을 마시고 나서 다시 공부를 시작했다.

"우리는 지금까지 결혼에 대해 공부했습니다. 성경이 말하는 결혼의 정의를 중심으로 공부했습니다. 아마 이 공부한 것을 논문에 담는다면 '결정권을 중심으로 본 성경적 결혼 연구' 라고 하지 않았을까 싶네요."

가정 미션

"우리는 이미 앞에서 하나님이 결혼을 왜 만드셨는지도 공부했습니다. 그 부분을 조금 더 공부하도록 해요.
성경을 함께 볼까요?
우리가 잘 아는 창세기 1장 26절부터 28절까지입니다.

> 하나님이 가라사대 우리의 형상을 따라 우리의 모양대로 우리가 사람을 만들고 그로 바다의 고기와 공중의 새와 육축과 온 땅과 땅에 기는 모든 것을 다스리게 하자 하시고
> 하나님이 자기 형상 곧 하나님의 형상대로 사람을 창조하시되 남자와 여자를 창조하시고 하나님이 그들에게 복을 주시며 그들에게 이르시되
> 생육하고 번성하여 땅에 충만하라, 땅을 정복하라, 바다의 고기와 공중의 새와 땅에 움직이는 모든 생물을 다스리라 하시니라

성삼위 하나님이 사람을 창조하시기 전에 계획하신 일이 있습니다. 26절입니다.

> 하나님이 가라사대 우리의 형상을 따라 우리의 모양대로 우리가 사람을 만들고 그로 바다의 고기와 공중의 새와 육축과 온 땅과 땅에 기는 모든 것을 다스리게 하자 하시고

하나님은 바다와 고기와 공중의 새와 육축과 온 땅과 땅에 기는 모든 것을 창조하신 후에 이것을 다스리게 하려고 사람을 창조하셨습니다. 남자와 여자를 창조하셨습니다. 그들을 결혼시키셨습니다. 가정을 만드셨습니다. 그리고 그 가정에 미션을 주셨습니다. 28절입니다.

> 하나님이 그들에게 복을 주시며 그들에게 이르시되 생육하고 번성하여 땅에 충만하라, 땅을 정복하라, 바다의 고기와 공중의 새와 땅에 움직이는 모든 생물을 다스리라 하시니라

하나님이 만드신 가정에 복을 주시며 그들에게 생육하고 번성하여 땅에 충만하라고 하셨습니다. 그리고 주신 미션이 땅을 정복하라, 바다의 고기와 공중의 새와 땅에 움직이는 모든 생물을 다스리라는 것입니다. 바다의 고기와 공중의 새와 땅에 움직이는 모든 것은 생물입니다. 반면 땅은 무생물이라고 할 수 있습니다. 이 세상은 생물과 무생물로 구성되어 있습니다.

하나님이 생물은 다스리고, 무생물은 정복하라고 하셨습니다. 이 둘을 합치면 결국 세상 관리를 하나님이 남자와 여자를 창조하시고 그들에게 맡기신 것입니다. 세상 관리의 사명은 개인에게 주어진 미션인 동시에 가정에 주어진 미션입니다.

조금은 어려운 이야기를 이렇게 한 이유는 가정이 가정 자체를 위해 존재하는 것이 아니라는 이야기를 하기 위해서입니다. 가정을 소홀히 함으로써 생기는 문제가 많습니다. 가정을 소홀히 하면 그만큼 안타까운 일을 만나게 됩니다. 두 사람은 결혼공부를 하고 가정을 이루게 되니 그런 일은 없을 것입니다.

그런데 가정을 소홀히 하는 것과 정반대로 소수이긴 하지만 오직 가정밖에 모르는 사람들이 있습니다.

어떤 남자가 가정을 소홀히 여기고 뒷전에 두고 살다가 어느 날 가정의 소중함을 깨달았답니다. 그리고 나서 이 남자가 한 일은 다니던 직장에 사표를 던진 것입니다. 가정이 최우선이 되었으니 아내와 자녀들에게 충실하겠다는 의욕이 지나쳐 이런 결정을 한 것입니다. 이 또한 자연스럽지 못하고 바람직하지도 않은 결정입니다.

가정을 만드신 하나님의 뜻은 가정이 가정 자체만을 위해 존재하는 것이 아닙니다.

하나님이 가정을 만드신 이유는 하나님이 만드신 세상이 있기 때문입니다. 하나님이 만드신 세상을 맡기시기 위해 가정을 만드셨습니다.

가정이 존재하는 이유는 바로 이 관리해야 할 세상이 있기 때문입니다."

충전공동체

"가정을 충전소에 비유할 수 있습니다.

자동차를 운전하고 다니다 보면 가스가 떨어집니다. 그러면 충전소에 가서 가스를 충전해야 합니다. 충전소에서 가스를 충전했으면 다시 거리로 나가야 합니다. 만약 차를 몰고 충전소에 와서 여기가 좋사오니 여기서 살겠다고 하면 어떻게 되겠습니까?

가정은 힘을 받는 곳입니다. 충전하는 곳입니다. 세상을 살아가는 데 필요한 힘을 받는 곳이 가정입니다.

하나님이 맡겨 주신 세상을 관리하기 위해 힘을 소진한 사람이 가정에 돌아가서 힘을 충전받습니다. 하나님이 맡겨 주신 세상을 관리하기 위해 공부하는 자녀들이 가정에 돌아가서 힘을 충전받습니다.

집에만 들어왔다 나가면 힘이 생기는 가정, 하나님이 가정을 만드신 그 뜻이 이루어지는 가정입니다. 서로가 서로에게 힘을 주는 충전공동체, 그곳이 가정입니다.

시편 128편 1절부터 4절까지입니다.

> 여호와를 경외하며 그 도에 행하는 자마다 복이 있도다
> 네가 네 손이 수고한 대로 먹을 것이라 네가 복되고 형통하리로다
> 네 집 내실에 있는 네 아내는 결실한 포도나무 같으며 네 상에 둘린 자식은
> 어린 감람나무 같으리로다 여호와를 경외하는 자는 이같이 복을 얻으리로다

여호와를 경외하는 남편을 보면 힘이 납니다. 하나님의 말씀대로 행하는 아버지를 보면 힘이 납니다. 결실한 포도나무 같은 아내를 보면 힘이 납니다. 어린 감람나무 같은 자녀를 보면 힘이 납니다.

서로가 서로에게 힘이 되는 충전 공동체의 아름다운 모습입니다.

이 세상 모든 가정이 가족 구성원들 서로가 서로에게 힘을 주는 것은 아닙니다. 안타깝게도 어떤 가정은 힘을 빼는 가정도 있어요. 아내가 남편의 힘을 빼고, 남편이 아내의 힘을 뺍니다. 부모가 자녀의 힘을 빼고, 자녀가 부모의 힘을 뺍니다. 세상을 관리하기 위해서는 힘이 필요한데, 그 조금 남은 힘마저 가정에서 다 빼 버립니다. 참 안타까워요."

힘을 빼는 가정, 힘을 주는 가정….

"두 사람, 포도 좋아해요?"

"네, 아주 좋아해요. 벌써 군침이 도는데요."

"그래요. 나도 포도를 좋아하는데…."

성경이 힘을 주는 아내를 결실한 포도나무 같다고 표현한 걸 보면 포도는 성경이 보증하는 힘 주는 과일 같다는 생각이 든다.

"수현 자매, 민수에게 있어 평생 결실한 포도나무같이 힘 주는 아내가 되길 축복합니다.

그리고 민수, 여호와를 경외하며 그 도에 행하는 남편과 아버지는 아내와 자녀들에게 힘이 돼. 그런 남편, 그런 아버지 되길 축복해."

"네, 감사합니다."

가자, 세상으로!

"자, 이제 두 사람은 곧 부모를 떠나 둘이 연합하여 한 몸이 될 것이지요? 그럼 이제 하나 되어 세상을 향해 가는 겁니다.

두 사람, 함께 외쳐 봐요. 가자, 세상으로!"

"가자, 세상으로!"

"가서 두 사람에게 맡겨진 세상을 관리해요.

땅은 정복하고 생물은 다스려요. 하나님의 뜻이 하늘에서 이루어진 것처럼 이 땅에서도 이루어지도록 해요.

땅 끝까지 가서 복음의 증인이 돼요. 가서 예수님의 제자를 삼아요.

가정을 통해 배운 대로 세상에 나가 살아요. 세상의 소금이 되고 세상의 빛이 돼요. 그대들은 이 세상을 관리할 위대한 사명자란 사실을 늘 기억해야 해요."

"네, 목사님. 명심하겠습니다."

"결혼공부는 여기까지 해서 마무리합니다.

그동안 결혼 준비하랴, 직장 다니랴, 결혼공부, 말공부 하랴. 두 사람 수고 많았어요."

"목사님이 수고 많으셨지요. 저희에게 이렇게 귀한 시간 내 주셔서 감사합니다."

감사는 사람 마음을 따뜻하게 한다.

"숙제 내 준 것 있지?"

"네, 공부를 시작하면서 내 주신 말에 대한 숙제 말씀하시는 거지요?"

"그래. 그걸 어떻게 할까? 다음 주에 숙제 검사를 겸해서 과외수업을 한 시간 할까, 아니면 그냥 숙제한 것을 제출하는 것으로 할까?"

"목사님만 괜찮으시면 과외수업 한 시간 더 해 주세요."

"(웃음) 학생들은 종강을 일찍 하거나 휴강을 하면 좋아하던데 이 학생들은 다르네."

결혼식 날짜를 보니 한 번 더 공부하는 것도 가능했다.

과외공부를 한 시간 하기로 했다.

말에 대해서.

study 10

결혼 생활에 힘이 되는 말 배우기
_ 결혼, 말이 힘이 된다

입술의 열매를 짓는 나 여호와가 말하노라 (사 57:19).

이제 한 주 후면 민수 결혼식이다.
본 수업은 지난 주로 끝이 났고 오늘은 과외수업이다.
주제도 결혼이 아닌 '말' 이다.

오늘도 나는 차를 준비했다. 국화차 향이 그윽하다.
차 한 잔을 놓고 민수와 수현 자매를 기다리며 여유를 즐겼다.
"목사님, 안녕하세요?"
오늘도 두 사람은 함께 왔다, 밝은 얼굴로.
"결혼식 준비 잘되고 있지?"
"네, 요즘 준비하느라고 데이트도 못해요."
"준비하는 그 과정을 데이트로 만들어. 민수에게는 무슨 일을 해도 축제로 만드는 은사가 있잖아."
"아, 그랬어야 했는데… 그러지를 못한 것 같아요."
"지금이라도 늦지 않았으니 남은 한 주간 멋진 추억 많이 만들어 봐. 오늘이 마지막이야."
"네, 목사님. 많이 아쉬워요.

처음에는 결혼에 대해 뭐 공부할 게 있나 했는데 이 공부하기를 너무너무 잘했어요.

목사님, 저희들은 결혼을 결정하고 주례를 부탁드리러 왔다 결혼공부를 시작했잖아요.

처음 만나 교제할 때부터 공부를 하면 좋겠다 싶은 생각이 들어요."

"(웃음) 아직 결혼 결정도 안 됐는데 결혼공부부터 한다고?

그러다 하나님께서 지어 주신 짝이 아닌 걸 발견하면 어떻게 하려고?"

"그런 부분이 좀 문제가 되긴 할 것 같은데 처음 만나 교제를 할 때부터 성경공부를 했으면 좋겠어요. 이름도 좋잖아요. 연애공부."

"그래. 그것도 한번 생각해 보자고. 그렇잖아도 우리 아들이 결혼공부에 교제 부분이 빠졌다고 아쉬워하더군. 하나님께서 기회를 주시면 연애공부도 한번 해 보도록 하지. 하지만 연애공부를 한다 해도 그대들과 함께할 수는 없겠네. 민수 동생하고 할까?"

"목사님, 제 동생이 애인 생기면 제 동생하고 해 주세요."

수현 자매가 먼저 손을 들었다.

"민수, 지금은 청년들을 청년 담당 목사님들이 지도하고 있지만 청년들을 내가 직접 지도하던 시절도 있었어. 그때는 연애 지도도 많이 했었네. 아마 지금 청년부 목사님들도 연애 지도 많이 할 거야.

두 사람은 이미 결혼을 결정하고 온 상태이기 때문에 교제 과정에 해야 할 일들은 건너뛴 부분이 있기는 해. 연애공부를 한다면 그것도 다 다룰 수 있겠네."

공부를 시작했다.

"결혼해서 살아 보면 알지만 결혼 생활에 비중을 많이 차지하는 게 몇 있어. 그중에 하나가 돈이야. 돈 문제가 가정 문제로 번지는 경우가 많아.

돈에 대해서 이번 공부 때 자세히 다루지 못한 아쉬움이 있어. 하지만 그것을 자세히 다루다 보면 그것만으로도 상당한 시간을 써야 해서 생각보다 많이 다루지 못했네.

돈에 대한 성경의 가르침을 정리해 한 권의 책에 담았으면 하는 생각은 있어. 만약 하나님께서 책이 출판되도록 허락해 주시면 그때 관심 갖고 읽어 보도록 해."

공부해야 말 잘한다

"가정 생활에 중요한 영향을 미치는 또 하나가 '말'이야.

감사하게도 말에 대해서는 이미 정리를 해 놓은 책이 있어.

첫 시간에 『말의 힘』을 한 주에 두 파트씩 개인적으로 공부하는 숙제를 내 주었지?"

"네, 저희들 각자 하지 않고 둘이서 같이 했습니다."

두 사람이 함께 공부한 책을 내어 놓았다.

여백이 글씨로 채워져 있었다.

"처음에는 노트에 따로 요약을 하려다 마침 책 속에 각 파트마다 그 파트를 공부할 수 있게 돼 있어서 책을 가지고 일주일에 한 번씩 만나 함께 공부했습니다."

"잘했네. 잘했어. 회사 다니며 결혼공부에, 말공부에, 결혼준비에… 대단한 사람들이네."

수현 자매가 생글생글 웃으며 입을 열었다.

"목사님, 숙제 내 주셔서 감사합니다.

민수 씨와 함께 말공부를 하면서 참 많이 행복했습니다. 결혼할 사람과 결혼 전에 귀한 목사님과 함께 결혼공부를 하고, 또 둘이서 말에 대한 공부도 한다는 게 너무너무 행복했습니다.

목사님, 이게 제가 꿈꾸던 일이었는데…. 그걸 이번에 알게 되었어요. 하도 오래 전에 기도한 것이라 그것이 응답이 되었는데도 기도한 걸 잊고 있었던 거예요.

목사님, 저는 이번에 말을 공부하면서 참 많은 것을 배웠고 깨달았습니다.

처음에 목사님이 결혼공부를 해야 한다고 말씀하실 때 '뭐 굳이 결혼공부까지 해야 할까?' 하는 마음이 실은 좀 있었다고 말씀 드렸잖아요.

말에 대해서도 그런 마음이 있었습니다. '뭐, 말에 대해 따로 공부할 게 있을까?' 싶었습니다.

그런데 하고 보니 결혼공부도 그렇고 말공부도 그렇고 저에게는 너무나 소중한 시간이었습니다.

민수 씨가 목사님에게 말에 대해서는 여러 차례 설교도 들었고, 언어생활 세미나도 참석해서 그런지 저를 잘 가르쳐 주었습니다.

성경을 통해 말에 대한 공부를 하지 않았다면 어쩌면 저는 평생 실상을 말하며 살다 생을 마쳤을 수도 있겠다 싶은 생각이 들었어요."

"전문 용어가 나오네요. (웃음)"

"목사님, '실상을 말하지 말고 바라는 것들의 실상을 말하라. 이것이 믿음으로 말하는 것이다' 이것을 공부할 때 저도 그렇고, 수현 자매도 얼마나 기뻤는지 몰라요.

그동안 제 안에 부담으로 머물던 것이 있었는데 이번에 완전히 그 부담에서 벗어났습니다."

"어떤 부담에서 벗어난 거야?"

"그동안 칭찬을 하거나 축복을 할 때 늘 마음에 좀 걸리는 게 있었습니다. 칭찬을 하다 보면 실상은 그게 아닌데 그보다 좋게 말하게 되잖아요.

실상보다 좋게 말할 때마다 부담이 되었습니다. 내가 정직하지 못한 것 아닌가 하는 그런 부담이 있었습니다. 그런데 이번에 말에 대해 공부하면서 그 부담감이 다 사라졌습니다.

그동안 제가 했던 말들이 가만히 살펴보니 내가 그에게 바라는 것들의 실상이었습니다. 제가 칭찬을 하거나 축복을 할 때는 그 안에 그 사람이 이렇게 되었으면 좋겠다는 저의 바람이 늘 들어 있었던 것입니다.

이제는 부담 없이 칭찬하고 축복합니다. 실상이 아닌 바라는 것들의 실상을 말해 줍니다. 실상이 아닌 바라는 것들의 실상을 말하는 자유와 기쁨이 제 안에 가득합니다.

짧은 시간이었지만 바라는 것들의 실상을 말하면 그것이 실상이 되는 은혜도 체험했습니다."

"책 쓴 보람이 있네요. (웃음)"

민수가 계속 말을 이었다.

"목사님, 저는 목사님을 통해 이전부터 말에 대한 설교를 많이 들었었잖아요. 제가 목사님을 통해 처음에 말이 힘이 있다는 사실을 깨달았을 때 감동이 컸어요. 감동을 넘어 그것이 제게는 충격이었어요.

이번에 함께 공부하다 보니 수현 자매도 제가 받은 그 감동을 그대로 받는 것 같았습니다. 제가 만난 입술의 열매를 창조하시는 하나님, 너희 말이 내 귀에 들린 대로 행하시는 하나님을 수현 자매도 만났습니다."

"숙제 검사를 따로 할 필요가 없겠네. (웃음)"

그래도 책 중에 결혼 생활에 직접적으로 필요한 몇 가지를 전해 주고 싶은 마음이 들었다.

"수현 자매, 하나님은 우리를 인정하셔요.

너는 내 아들이다. 너는 나의 사랑하는 자다.

내가 너를 보배롭고 존귀하게 여기노라.

너는 왕 같은 제사장이다.

너는 하나님의 사람이다.

너는 의인이다.

너는 성자다. 너는 성도다.

하나님께서 우리를 인정하는 말을 듣다 보면 고개를 들기가 쉽지 않아요. 왜냐하면 우리는 거기 미치지 못하기 때문이지요. 세상에 하나님께서 인정해 주시는 의인, 성자란 말에 고개를 들 수 있는 사람이 어디 있겠어요. 이런 하나님의 인정이 우리에게 얼마나 큰 힘이 되는지 몰라요.

수현 자매도 남편을 이렇게 인정해 주는 말을 많이 해 줘요.

당신은 나의 남편입니다.

당신은 하나님께서 내게 주신 귀한 선물입니다.

당신은 나의 결정권자입니다.

당신은 우리 집의 가장입니다.

당신은 능력자입니다.

당신은 지혜의 사람입니다.

『말의 힘』 중에 칭찬에 대한 부분 있지요?

그 부분을 주목해서 한 번 더 읽도록 해요.

수현 자매, 잠언 20장 5절 말씀을 읽어 줄래요?"

> 사람의 마음에 있는 모략은 깊은 물 같으니라
> 그럴지라도 명철한 사람은 그것을 길어 내느니라

"민수는 능력 덩어리입니다. 참 많은 능력을 갖고 있습니다. 결혼한 후에 수현 자매가 할 큰일 중에 하나가 민수 형제 안에 있는 능력을 길어 올리는 겁니다. 현숙한 여인은 남편 안에 있는 그 능력을 길어 올립니다.

어리석은 아내는 그 능력이 나오는 구멍을 막아 버립니다. 마치 샘구멍을 막아 버리듯이 말입니다.

남편 안에 있는 능력을 길어 내는 도구는 인정입니다. 칭찬과 격려입니다. 기도입니다. 남편 안에 있는 능력을 사장시키는 도구는 무시와 멸시입니다. 빈정거림입니다.

수현 자매, 하루에 세 번 이상 남편을 인정하고 칭찬해 줘요. 남편은 아내의 인정을 먹고 자랍니다.

아내에게 인정받은 남편은 세상에 나가 당당하게 삽니다. 이런 남편은 인정에 대한 목마름이 없습니다. 혹 다른 사람들이 인정하지 않아도 별로 개의치 않습니다. 집에서 충분히 인정을 먹었기 때문입니다.

수현 자매, 민수의 장점은 칭찬해 주고 약점은 수현 자매가 담당해 줘요.

실상이 아닌 바라는 것들의 실상을 남편에게 날마다 말해 줘요. 그러면 그게 인정이고, 그게 칭찬이고, 격려입니다."

꼭 말로 해야 돼?

남편이 될 민수에게도 해 주고 싶은 말이 있다.

"민수, 수현 자매가 남편을 인정해 주는 것처럼 민수도 아내를 인정해야 해. 그리고 아내를 사랑해 줘.

어디까지가 사랑인지 알아?

상대가 나를 사랑하는구나 하고 느낄 수 있도록 해줘야 해. 그러기 위해서는 사랑을 표현해야 하네.

　남편들이 범하기 쉬운 오류가 있어. 마음으로만 아내를 사랑하는 거야.

　'마음으로 사랑하면 됐지 굳이 그걸 말로 해야 되느냐?'고 되묻는 남편도 있어.

　그래, 말로 해야 돼. 남편이 말을 안 해 주면 아내는 몰라.

　그러다 보니 남편은 아내를 사랑한다는데 아내는 남편이 자기를 사랑하는지 도무지 모르겠다고 하는 경우가 생기는 거야.

　아내가 느낄 수 있는 사랑을 해 줘.

　사랑은 말로 하는 게 아니라고 사람들이 그러지.

　아니야. 사랑은 말로 하는 거야. 사랑은 말로 하는 게 아니라는 것은, 사랑은 말로만 하는 게 아니라는 말이야.

　민수, 평생 하루에 세 번 이상 아내에게 사랑을 표현해 줘. 문자도 좋고, 메일도 좋고, 입술의 고백도 좋아.

　표현된 사랑이 힘이 있어.

　아내는 자신이 사랑 받고 있다는 것이 확인되면 안정감을 느껴.

　하나님께서 우리를 사랑하시지? 하나님은 마음으로만 우리를 사랑하시지 않고 기회만 있으면 사랑한다고 말씀을 해 주셔.

　민수, 요한복음 3장 16절 암송하지? 한 번 암송해 볼까?"

> 하나님이 세상을 이처럼 사랑하사 독생자를 주셨으니 이는 저를 믿는 자마다 멸망치 않고 영생을 얻게 하려 하심이니라

"하나님이 세상을 이처럼 사랑하사… 그래, 하나님은 이렇게 사랑을 표현하셔. 예수님이 우리에게 '서로 사랑하라'는 말씀을 하실 때도 '내가 너희를 사랑한 것같이 너희도 서로 사랑하라'고 말씀하셨어.

하나님께서 우리를 사랑하시는 줄 우리가 어떻게 알아?

하나님께서 말씀을 해 주셨기 때문에 아는 거야.

예수님은 우리의 신랑이시고, 우리는 그의 신부야. 신랑 되신 예수님께 남편들이 아내 사랑하는 것을 배워야 해.

그중에 하나는 사랑을 표현하는 거야.

사랑을 표현하는 사람은 가벼운 사람, 사랑을 표현하지 않는 사람은 무게가 있는 사람으로 잘못 생각하는 경우가 있어.

그렇지 않아. 사랑을 표현하는 사람은 예수님 방식으로 사랑을 하는 것이고, 사랑을 표현하지 않는 사람은 자기 방식으로 사랑하는 거야.

민수, 우리는 예수님의 제자야. 예수님을 따르는 사람들이야.

민수, 우리 예수님 따라 사랑하자고."

"네, 목사님. 사랑은 말로 한다는 말씀 명심하겠습니다."

정직하라

두 사람에게 꼭 해 주고 싶은 말이 있다.

그것은 "정직하라"이다.

『말의 힘』은 열네 파트로 구성되어 있는데 그중에 두 파트가 정직을 다루고 있다. 한 파트에서는 '거짓'을, 다른 한 파트에서는 '정직'을 다루었다.

"결혼이 남자가 부모를 떠나 그 아내와 연합하여 한 몸을 이루는 것이라고 했지요? 연합을 유지하기 위해 기본적으로 필요한 것이 있어요. 그것은 두 사람이 서로에 대해 진실하고 정직한 것입니다.

사단은 어떻게 하든지 연합을 깨뜨리려고 합니다. 연합을 깨뜨리는 도구로 사단이 즐겨 사용하는 것이 거짓입니다. 거짓은 드러납니다. 거짓의 시효를 성경은 눈 깜짝일 동안만이라고 말씀하고 있습니다.

거짓의 아비인 사단이 거짓말을 하게 하는 것은 거짓을 말한 후에 그것이 드러남으로 서로에 대한 신뢰를 깨뜨리기 위함입니다. 아내를 향해 거짓말을 하면 그것이 이내 드러납니다. 이렇게 되면 남편에 대한 신뢰가 떨어집니다. 거짓의 폐해는 나중에는 그 사람이 진실을 말해도 사람들이 믿지 않는 겁니다. 우리말에도 '콩으로 메주를 쑨다고 해도 못 믿겠다'는 말이 있어요. 정직한 말을 하는데도, 진실을 말하는데도 사람들이 그것을 믿어 주지 않습니다. 이것이 거짓을 말하는 사람이 받는 가장 큰 손해일 수 있습니다.

두 사람, 진실해야 해요. 서로에 대해 정직해야 해요. 거짓을 말하지 않기 위해 그야말로 피 흘리기까지 죄와 싸워야 해요. 습관 속에 거짓이 들지 않도록 처절한 싸움을 해야 해요. 사람이 짓는 모든 죄에 기본으로 들어 있는 죄가 바로 거짓입니다. 간음을 할 때도, 살인을 할 때도, 도적질을 할 때도 거짓이 따라갑니다.

오래 전에 은사 목사님을 모시고 몇 명의 제자들이 하룻밤을 남한강변 모텔에서 묵은 적이 있어요. 나는 집에 전화를 하기 위해 그 모텔 지하에 있는 공중전화 앞에서 내 차례를 기다리고 있었어요. 당시에는 이동전화가 보편화되지 않았던 때입니다.

앞의 여자 분이 전화를 하는데 아무래도 집으로 하는 것 같았습니다.

'여기 영안실인데, 아무개가 상을 당해 아무래도 오늘 같이 있어 줘야 할 것 같아서 못 들어 갈 것 같아요.'

나는 그때 모텔이 영안실이란 걸 처음 알았네요. (웃음)

두 사람은 거짓을 멀리해요. 거짓을 멀리하면 그만큼 사람이 죄를 지을 확률이 현저하게 줄어듭니다.

신뢰하지 못하면 연합할 수가 없습니다. 못 믿는데 어떻게 합칠 수 있겠어요. 앞에서 우리가 같이 공부했듯이 남편을 못 믿고, 아내를 못 믿는데 어떻게 돈을 합칠 수 있겠어요.

합치기 위해서는 신뢰가 필수입니다. 합친 것을 계속 유지하기 위해서도 신뢰가 계속 유지되어야 합니다.

가정이 깨어지는 안타까운 상황이 주변에서 일어나고 있습니다. 이런 경우 대부분 가정이 깨어지기 전에 먼저 신뢰가 깨어집니다.

신뢰하지 못하는 사람과 합친다는 것은 너무나 힘든 일입니다.

예수님과 우리의 연합의 기본도 믿음입니다. 예수님을 믿는 사람만이 예수님과 합칩니다.

신뢰하면 돈도 합치고, 인생도 합치고, 시간도 합칩니다.

못 믿으면 합치지 않습니다.

예수님을 믿지는 않지만 예수님과 연합한 사람이 있나요? 불가능한 일입니다.

이제 두 사람은 곧 부모를 떠나 합치게 됩니다. 연합하게 됩니다. 서로를 신뢰하기 때문에 가능한 일입니다. 그 신뢰를 평생 이어가야 합니다. 그러기 위해 정직해야 합니다."

분위기가 숙연해졌다.
예방 주사이기에 마음껏 놓았다.
분위기를 조금 바꿔 보고 싶었다.

"두 사람, 말공부를 하다 정직과 관련해 특별히 마음에 새겨진 부분이 있나요?"

"네, 있습니다. '정직하면 손해 본다. 그래도 그리스도인은 정직해야 한다.'

사실 저도 이렇게 생각했는데요. 목사님이 책에서 성경 어디에, 하나님께서 언제, 어디서 우리에게 정직하면 손해 본다고 말씀하셨느냐고 반문하시면서 정직하면 흥한다, 정직한 자는 손해 보지 않는다고 역설하신 것이 인상적이었습니다.

다시 한 번 정직한 것이 결코 손해 보는 것이 아니라는 확신을 갖게 되었습니다. 거짓말을 하는 자는 망하고, 정직한 자의 장막이 흥한다는 확신이

제 안에 있습니다."

민수가 씩씩하게 말했다.

"저도 그 부분에서 은혜 많이 받았습니다."

수현 자매가 거들었다.

"숙제 검사는 이걸로 마쳐야 하겠네요. (웃음)"

궁금하면 물어보기, 물어보면 대답하기

"두 사람, 서로에 대해 의구심이 생기지 않도록 살아요.

지금 내 남편이 어디 있을까? 누구와 무엇을 하고 있을까?

이런 의구심이 생기지 않도록 남편이 도와줘야 해요. 그걸 묻다 보면 의심하는 것 같아 듣는 사람이 기분이 나쁠 수 있어요. 묻기 전에 미리 서로 이야기해 줘요. 일상적인 일정 외의 일정이면 궁금증을 없애 준다는 마음으로 배우자에게 이야기해 주는 것을 생활화하도록 해요. 이것이 배우자의 시간을 많이 벌어 주는 일입니다. 배우자의 정신 건강에 큰 유익이 됩니다."

"그럼, 결혼하면 개인 생활은 없나요?"

수현 자매가 물었다.

"결혼은 남편과 아내가 생활을 합치는 겁니다. 개인 생활이 부부 생활로 바뀐 게 결혼입니다. 내 생활과 네 생활이 부부 생활로 합쳐진 겁니다.

결혼 후에 개인 생활, 개인 영역을 주장해서는 안 됩니다. 부부지간에 사

생활 보호를 내세워 어떤 은밀한 영역을 두어서는 안 됩니다. 남편이 물으면 아내는 말해 줘야 합니다. 아내가 물으면 역시 남편도 대답해 줘야 합니다.

결혼은 남편과 아내가 벌거벗었으나 부끄러워하지 않는 겁니다. 사실 그대로 이야기했을 경우 배우자가 실망할 것 같다면 그런 일 자체를 하지 말아야 합니다. 하고 나서 둘러대거나 숨겨야 할 일이라면 아예 그 일을 하지 말아요. 이미 한 상태라면 상대에게 사실대로 이야기하고 용서를 구함이 지혜입니다.

당신은 알 것 없다고 말해서는 안 됩니다. 그건 내 영역이라고 말해서는 안 됩니다. 그건 내 개인 생활이라고 말해서는 안 됩니다.

결혼은 부부 생활입니다. 두 사람, 개인 생활 대신 부부 생활 하는 것을 불편하게 여기지 말고, 그 안에 하나님께서 담아 놓으신 좋은 보화들을 다 받아 누리며 살기를 축복합니다."

거룩한 삼각관계

"두 사람, 결혼은 거룩한 삼각관계를 맺어야 행복해요."
"거룩한 삼각관계요?"
"일반적인 삼각관계는 안 좋아요.
거룩한 삼각관계란 남편과 아내가 하나님과 함께 삼각관계를 맺는 것을 의미합니다. 결혼은 둘이 마주 서서 바라보며 사는 게 아닙니다. 결혼은 둘이 나란히 서서 하나님을 바라보는 것입니다. 이것이 거룩한 삼각관계입니다.

두 사람이 서로를 향해 할 말도 있지만 하나님을 통해 할 말도 있습니다. 이것을 잘 구분하는 사람들이 지혜로운 사람입니다.

배우자의 좋은 점은 배우자의 귀에 대고 이야기해 줘요. 그러나 배우자의 연약함, 이것은 좀 고쳤으면 좋겠다고 느껴지는 점, 안 좋은 습관 같은 것들은 하나님께 말씀 드려서 하나님께서 배우자에게 말씀하시도록 해야 합니다.

배우자에게 직접 할 말이 있고 하나님을 통해서 할 말이 있습니다. 거룩한 삼각관계를 맺은 결혼에서는 이것이 가능한 일입니다.

배우자에게 자기가 할 일도 있지만 하나님께서 해 주셔야 할 일이 있습니다. 배우자를 위해 자기가 할 일을 안 하는 것도 가정을 불행하게 합니다. 또한 자기가 모든 것을 다 해 줄 수 있다는 생각도 가정을 불행하게 합니다.

이제 결혼해서 살아 보면 알지만 자기가 줄 수 있는 일이, 자기가 할 수 있는 일이 그리 많지 않다는 것을 두 사람은 알게 될 것입니다.

행복은 남편이 아내에게, 아내가 남편에게 주는 것 같이 보입니다. 그래서 결혼하는 많은 사람들이 아내를, 남편을 행복하게 해 줄 자신이 있다고 생각합니다. 그러나 행복은 하나님께서 주시는 것입니다. 성경을 가득하게 채운 내용이 바로 이것입니다. 하나님은 복 주시는 분입니다. 우리는 그 복을 받는 사람, 받은 사람입니다.

그런데 우리가 착각을 합니다. 아내를 행복하게 해 줄 수 있고, 남편을 행복하게 해 줄 수 있다고.

행복은 예수님을 믿는 자에게 하나님이 주시는 은혜의 선물입니다. 고난 가운데서도 행복해하는, 세상이 알 수 없고 세상이 줄 수도 없는 특별한 선물입니다. 또한 행복은 하나님의 말씀에 순종하는 자에게 하나님께서 주시는 상입니다. 하나님의 말씀대로 남편에게 순종할 때, 하나님의 말씀대로 아내를 사랑할 때 하나님께서 그 남편과 아내에게 행복을 주십니다.

두 사람이 마주 서서 서로에게 행복을 구하고, 만족을 구하고, 즐거움을 구하면 힘들어집니다. 아내를 행복하게 하기 위해 애를 썼는데 어느 날 아내가 넋 나간 표정으로 '공허하다'고 한숨짓는 것을 볼 수 있습니다.

행복은 사람이 줄 수 있는 것 같지만 이것은 하나님께서 주시는 것입니다. 하나님의 말씀에 순종할 때 하나님께서 주시는 것인데 그 타이밍이 절묘하기 때문에 마치 자기가 준 것 같은 착각을 하게 됩니다.

두 사람, 마주 서서 서로를 바라보고 살지 말고 나란히 서서 주님을 바라보며 살아요. 그러면 하나님께서 행복을 주셔요. 천국을 경험하는 결혼 생활이 될 것입니다."

A/S를 기대하며

10주간의 결혼공부를 이제 마쳐야 할 것 같다.

좀 더 하고 싶은 마음도 있었지만 다음 주가 결혼식이다.

여기까지 하고 일단 마쳐야 할 것 같다.

이들이 결혼공부를 했지만 그래도 A/S가 필요할 것 같다. 여기서 S는 Study다.

지금까지 Before Study를 했다.

결혼 후 어느 정도 시간이 지난 후에 After Study를 한 번 더 하는 것도 좋겠다.

생각 같아서는 결혼 생활에 나타날 수 있는 문제들을 미리 다 챙겨서 함께 공부를 하고 싶은데 그것은 다음을 기약했다.

지금은 물리적으로 시간이 촉박하고, 또한 민수와 수현 자매에게 실제적인 에 대한 공부의 필요성이 더 찼을 때 하는 것이 좋을 것 같다. 민수가 결혼해서 몇 년 지난 후에 혹 하나님께서 기회를 주시면 그때 다시 이들과 함께 결혼 생활 공부를 몇 주 하기로 마음을 정했다. 이번에 공부한 것을 책으로 묶어 출판해서 여러 사람들과 공유하듯이 그때도 가능하면 그렇게 했으면 좋겠다.

아쉬워도 결혼공부는 여기서 마쳐야 할 것 같다.

"다음 주가 결혼이지요? 결혼식 날이 다가오니 마음이 어때요?"

"떨리기도 하고, 설레기도 해요."

"결정권에 대해 공부를 해서 그런지 저는 솔직히 부담이 좀 돼요. 제가 결정을 잘할 수 있을까, 행복한 가정을 만들어야 하는데 할 수 있을까 하는 부담이 있어요."

"두 사람 잘할 겁니다. 두려워하지 말고, 걱정하지 말아요. 대신 기대해요.

기대하면 실망이 크다고 사람들은 기대하지 말라고 하는데 성경을 통해 깨달은 진리가 있어요. 기대하고 기도하면 기대하는 것이 현실화되고, 염려하고 불안해하면 염려하는 것이 현실화됩니다.

하나님께서 결혼을 통해 주실 은혜의 선물들을 기대하세요.

자, 기대하시라! 김민수와 조수현의 결혼박두! (웃음)"

함께 웃으니 좋다.

마지막으로 하나 더

"마지막으로 하나 더, 창세기 2장 24절에서 세 개의 동사(떠나다, 연합하다, 이루다)는 미완료형입니다.

정확히 설명을 하면 '떠나다'가 미완료형이고 나머지 두 동사는 완료형입니다. 하지만 히브리어의 용법에 와우연속이란 것이 있습니다. 앞에 동사가 미완료형이면 나머지 동사가 완료형이라 할지라도 미완료형으로 해석하는 것입니다.

히브리어는 다른 언어들과 같은 시상을 갖고 있지 않습니다. 따라서 동사는 모든 시상을 포함하는 완료형과 미완료형이 있어요. 완료형은 어느 시간에서 이미 완료된 동작의 상태를 표시하며, 미완료형은 어느 시간에서

나 아직 완료되지 않은 동작 상태를 표시해요.

이 사실을 통해 이것이 결혼의 정의일뿐 아니라 결혼 생활의 평생 지침임을 알 수 있습니다.

두 사람, 지금까지 공부한 것, 결혼식 때만이 아니라 결혼 생활 동안 계속 적용해야 해요. 결혼한 후에도 계속 부모를 떠나야 하고, 계속 아내와 연합해야 하고, 계속 한 몸을 이루어야 해요."

"네, 명심하겠습니다."

"자, 이것으로 과외공부도 마치겠습니다."

결혼공부가 아닌, 말에 대해 공부를 하는 과외수업이라고 생각했는데 하고 보니 결혼공부의 연속이었다.

"목사님, 감사합니다."

동시에 마치 미리 맞추기라도 한 듯이 인사를 했다.

나도 목례로 화답했다.

"참, 한 가지 더. 두 사람, 서비스센터는 365일 24시간 오픈되어 있는 거 알지요?

우리의 영원한 서비스센터, 우리 하나님의 도우심과 성령님의 인도하심을 때마다 일마다 구하도록 해요."

두 사람이 처음에는 내가 A/S를 365일 24시간 해 준다는 줄 알았던 모양이다.

둘이 서로 마주 보고 웃는 걸 보니….

"두 사람, 결혼식에 하나님의 임재가 있도록 기도해요. 결혼식 전에 두 사람 마음 상하는 일이 없도록 특별히 마음 관리 잘하고요.

두 사람의 결혼식은 하나님의 임재가 느껴지는 감동의 결혼식이 될 겁니다."

"저, 목사님 결혼식 본문을 주셔야…."

"아, 그래. 시편 1편 1절부터 3절까지야. 제목은 '복 있는 사람의 형통한 결혼'이야."

"목사님, 기대가 됩니다."

"결혼식 날 만나요."

두 사람을 가볍게 안아 주며 축복했다.

"사랑합니다."

study guide 1

... 여호와 하나님이 아담을 깊이 잠들게 하시니 잠들매 그가 그 갈빗대 하나를 취하고 살로 대신 채우시고 여호와 하나님이 아담에게서 취하신 그 갈빗대로 여자를 만드시고 그를 아담에게로 이끌어 오시니 아담이 가로되 이는 내 뼈 중의 뼈요 살 중의 살이라 이것을 남자에게서 취하였은즉 여자라 칭하리라 하니라(창 2:21-23).

Marriage Guidebook

1. 당신이 알고 있는 결혼에 대해 이야기 해보라.

2. 결혼은 누가 만들었는가? (창 2:21-24)

3. 하나님이 결혼과 함께 만드신 것이 있다. 그것이 무엇인가?

4. 하나님께서 왜 결혼을 만드셨는가?

5. 사람을 만드신 하나님의 뜻 안에서 결혼을 만드신 하나님의 목적을 찾아보라.
   (사 43:7, 21)

6. 하나님께 영광을 돌린다는 것은 어떤 의미이고, 또 어떻게 하나님을 영광스럽게 할 수 있는가? (요 17:4)

7. 하나님은 결혼을 통해 예수님과 교회된 우리의 관계를 가르쳐 주시길 원하신다 (엡 5: 22-33). 이것을 통해 결혼의 목적 하나를 찾아보라.

8. 당신이 결혼을 했다면 결혼을 통해, 미혼이라면 가정을 통해 천국을 경험하고 있는가? 당신의 결혼은 행복한가? 당신의 가정은 행복한가?

9. 말라기 2장 15절을 통해 결혼의 목적 또 하나를 찾아보라.

10. 사람이 세상에 태어나서 하는 일 중에 중요한 일 하나를 적으라고 한다면?
    (창 5장)

11. 성경은 자녀에 대해 어떻게 말하고 있는가? (시 127:3-5)

12. 지금까지 배운 결혼의 목적을 정리하고 당신이 결혼하고자 하는 목적 혹은 결혼한 목적과 성경이 가르쳐주는 결혼의 목적이 일치하고 있는지 살펴보라.

13. 이 과를 통해 새롭게 깨달은 것이 있으면 함께 나누라.

study guide 2

... 이러므로 남자가 부모를 떠나 그 아내와 연합하여
둘이 한 몸을 이룰지로다(창 2:24).

Marriage Guidebook

1. 결혼이란 무엇인가? (창 2:18-25)

2. 하나님은 결혼의 정의를 성경 네 곳에 기록해 놓으셨다. 그것을 찾아보고 그것이 의미하는 것이 무엇인지를 함께 나누라.

3. 결혼하는 남자와 여자의 차이를 이야기해 보라.

4. 아내를 공부하고, 남편을 공부하는 좋은 방법이 있으면 나누라.

5. 결혼을 하는 남자와 여자는 사람이다. 사람은 어떤 존재인가?

6. 사람은 천사와 결혼하지 않고 사람과 결혼해야 행복하다. 그 이유는 무엇인가?

7. 배우자나 교제하고 있는 상대의 연약함과 부족함을 노트에 적어 보라.

8. 7번 문제를 푼 후에 그 중에 상대의 연약함과 부족함을 있는 모습 그대로 받아들이기로 한 것을 체크하라.

9. 창세기 2장에 나오는 '돕는 배필'을 통해서 결혼의 목적 또 하나를 찾아 볼 수 있다. 당신은 왜 결혼했는가? 왜 결혼하려고 하는가?

10. 상대의 연약함과 부족함을 대하는 두 부류의 태도가 있다. 그것이 무엇인가?

11. 상대를 바로 잡으려고 결혼하면 불행하다. 행복한 결혼을 위해서는 어떻게 해야 하는가?

12. 상대의 연약함과 부족함을 있는 모습 그대로 받아들이기로 했다면, 이제는 거기서 한 걸음 더 나아가 약점들을 도와야 한다. 자신이 결혼한 목적이 바로 이 연약함과 부족함을 돕기 위함이라는 고백을 배우자 혹은 교제하고 있는 사람에게 하라.

13. '합해서 100점이 된다' 는 말의 의미는 무엇인가?

14. 서로의 연약함과 부족함을 적은 노트는 어떻게 해야 하나?

15. 이런 과정을 거쳐 결혼을 하기로 결정했거나, 결혼했다면 이제 배우자를 장점 중심으로 보라. 장점 중심으로 사람을 보는 유익은 무엇인가?

16. 이 과를 통해 받은 은혜를 함께 나누라.

study guide 3

... 이러므로 남자가 부모를 떠나 그 아내와 연합하여
둘이 한 몸을 이룰지로다(창 2:24).

Marriage Guidebook

1. 결혼은 부모를 떠나는 것이다. 그 의미는 무엇인가?

2. 자녀의 결정권자는 누구인가? (엡 6:1)

3. 자녀는 부모의 결정권에 어떻게 반응해야 하는가? (엡 6:1)

4. 신명기 21장 18절부터 21절까지의 말씀을 통해 하나님께서 자녀들이 부모에게 순종하는 것을 얼마나 중요하게 여기시는지 확인해 보라.

5. 본(本)이 되지 못하는 부모의 결정권에 대해 자녀는 어떻게 해야 하는가?

6. 부모의 이중성에 대해 당신은 어떻게 생각하는가?

7. 자녀에 대한 부모의 결정권은 자녀가 결혼할 때 변화가 생긴다. 어떤 변화가 생기는가?

8. 결혼식은 결정권을 중심으로 보면 어떤 날이라고 할 수 있는가?

9. 결혼할 때 왜 부모에게서 결정권을 가지고 와야 하는가? 결정권을 가지고 오지 않았을 때 어떤 일들이 생길 수 있는가?

10. 결혼 후에 부모님의 말씀은 어떻게 해야 하는가?

11. 가정의 최종결정권자는 누구인가?

12. 이 과를 통해 받은 은혜를 함께 나누라.

study guide 4

... 이러므로 남자가 부모를 떠나 그 아내와 연합하여
둘이 한 몸을 이룰지로다(창 2:24).

Marriage Guidebook

1. 부모에게 있어 자녀의 결혼은 어떤 날인가?

2. 며느리를 맞는 것과 아들을 며느리에게 떠나보내는 것의 차이를 설명하라.

3. 혹 당신이 결혼했다면 지금 당신의 재정을 부모가 관리하는가, 아니면 부부가 관리하는가?

4. 부모는 자녀를 낳고 탯줄을 두 번 끊어야 한다. 언제 언제인가?

5. 결정권을 결혼하는 자녀에게 넘겨주면 어떻게 되는가?

6. 결혼 후에도 자녀에게 결정권을 넘겨주지 못하는 경우가 있다. 왜 결정권을 넘겨주지 못하는지 그 이유를 함께 나눠보라.

7. 결정권이 고부간의 갈등이나 장모와 사위간의 갈등에 미치는 영향을 이야기해 보라.

8. 자녀의 결혼 결정권은 누구에게 있는가? (참고 창 24장, 26:34-35)

9. 하나님께서 자녀들에게 그 부모에 대해 주신 계명은 크게 두 가지다. 하나는 순종이고 다른 하나는 무엇인가? (엡 6:1-2)

10. 당신은 부모 공경을 어떻게 하고 있는가?

11. 부모에게도 허물이 있을 수 있다. 부모의 허물에 어떻게 반응하는 것이 공경인가?

12. 부모의 허물을 덮은 셈과 야벳, 그리고 부모의 허물을 말한 함이 어떻게 되었는지 살펴보라(창 9:18-27).

13. 부모공경은 돈으로 한다. 당신은 이것을 어떻게 생각하는가?

14. 당신이 결혼했다면 매월 부모에게 돈을 드리고 있는가? 어떤 방법으로 드리고 있는가?

15. 부모를 공경하면 잘 된다고 하나님은 말씀하고 있다. 당신은 이 사실을 믿는가? 부모를 공경하고 잘 된 당신의 이야기를 함께 나누라.

16. 이 과를 통해 깨달은 것을 함께 나누라.

study guide 5

... 이러므로 남자가 부모를 떠나 그 아내와 연합하여
둘이 한 몸을 이룰지로다(창 2:24).

Marriage Guidebook

1. 부모를 떠난 남자는 그 후에 어떻게 해야 하는가? (창 2:24)

2. '연합하다'는 구약성경을 기록한 히브리어로는 '다바크'다. 그 의미는 무엇인가?

3. 색종이로 교제하는 사람이나 배우자와 함께 연합을 실습하라.

4. 이혼은 문제 해결방안이 아니라 또 다른 문제의 시작일 수 있다. 왜 그런가?

5. 예수 안에서는 이혼한 사람을 포함해 누구든지 다시 시작할 수 있다. 당신이 누리고 있는 다시 시작할 수 있는 은혜를 함께 나누라.

6. 남편과 아내가 연합하기 위해서는 접착제가 필요하다. 연합을 위해 남편에게 필요한 접착제는 무엇인가?

7. 남자에게 있어 결혼은 아내를 위해 죽을 수 있는 결단이다. 그 의미를 설명하라.

8. 남편의 사랑이 아내를 어떻게 만드는가? (엡 5:25-27)

9. 당신이 남편이라면 아내를 사랑하기 위해 하는 일들을 함께 나누라.

10. 성경이 가르쳐주는 아내 사랑 법 하나를 에베소서 5장 33절에서 찾아보고 이것의 의미를 함께 나누라.

11. 아내 사랑하는 구체적인 방법 10가지를 고린도전서 13장 1절에서 7절까지에서 찾아 적용하라.

12. 이 과를 통해 받은 은혜를 함께 나누라.

study guide 6

... 이러므로 남자가 부모를 떠나 그 아내와 연합하여
둘이 한 몸을 이룰지로다(창 2:24).

Marriage Guidebook

1. 남자와 여자가 결혼하면서 각각 부모에게서 가지고 온 결정권 둘을 이제 어떻게 해야 하는가?

2. 아내에게 결혼은 남편을 자신의 결정권자로 삼는 것이다. 혹 당신이 아내라면 이렇게 결혼했는가? 이렇게 결혼할 것인가?

3. 아내가 남편과 연합하는데 필요한 접착제는 무엇인가?

4. 순종화장품에 대해 설명해 보라. (벧전 3:3-6)

5. 하와가 받은 형벌과 아내의 순종과는 어떤 관계가 있는가?

6. 결정을 구하는 것과 결정을 통보하는 것의 차이는 무엇인가? 당신이 남편이라면 만약 아내가 결정해서 통보할 때 당신의 마음이 어떤지 이야기해 보라.

7. 남편은 최종결정권자가 아니라 중간결정권자다(고전 11:3). 이 의미를 함께 나누라.

8. 아내를 귀히 여기지 않을 때 하나님과의 관계에서 나타나는 현상은 무엇인가?
   (벧 3:7)

9. 결정을 잘하기 위해 다른 사람들의 의견을 참고하는 것도 한 방법이다. 이 외에 결정을 잘하는 좋은 방법들이 있다면 그것을 함께 나누라.

10. 남편의 결정으로 아내가 괴로울 때가 있다. 어떤 경우인가?

11. 남편들이 예수님에게 배워야 하는 결정권을 행사하는 방법은 무엇인가? (빌 2:5-8)

12. 남편의 결정과 하나님의 결정이 다를 때 아내는 어떻게 해야 하는가?

13. 이 과를 통해 받은 은혜를 함께 나누라.

study guide 7

... 이러므로 남자가 부모를 떠나 그 아내와 연합하여
둘이 한 몸을 이룰지로다(창 2:24).

Marriage Guidebook

1. '연합하다'는 신약성경을 기록한 헬라어로 '프로스콜라오마이'다. 이 단어는 부부의 결합을 의미한다. 이 단어의 특수한 의미는 무엇인가?

2. 하나님의 선물인 성(性)의 위치는 어디인가?

3. 성을 하나님이 정해 주신 범위 밖으로 가지고 나가면 그것이 음행이고 간음이다. 잠언 5:1-14절을 통해 그 비참함이 어떠한지 살펴보라.

4. 부부가 관계를 하면서도 음행에 빠질 수 있는가? 어떤 경우가 여기에 해당하는가?

5. 성을 디자인 하신 분은 하나님이시다. 하나님은 성을 왜 만드셨을까?

6. 성경은 부부간의 성관계를 어떻게 하라고 하는가? (잠 5:15-19)

7. 부부관계에 임하는 기본자세는 어떠해야 하는가?

8. 부부관계는 배우자를 위한 헌신이다. 이 의미가 무엇인가?

9. 부부관계를 할 때 해야 할 말과 하지 말아야 할 말이 있다. 그것을 함께 나누라.

10. 부부관계의 결정권은 누구에게 있는가? (고전 7:3-5)

11. 성경은 '서로 분방하지 말라'고 한다. 그 이유는 무엇인가?

12. 부부는 자신의 몸을 수단으로 어떤 목적을 이루려고 해서는 안된다. 왜 그런가?

13. 7과에서 예로 든 사모님을 만나 상담을 한 자매가 만약 당신을 찾아와서 자문을 구했다면 당신은 어떻게 상담해 줄 것인가?

14. 부부 사이지만 묻지 말아야 할 말들이 있다. 그것이 어떤 것인가? 왜 묻지 말아야 하는가?

15. 잠언 5장에 나오는 '그 물이 네게만 있게 하고 타인과 더불어 그것을 나누지 말라.' 는 의미가 무엇인가?

16. 이 과를 통해 받은 은혜를 함께 나누라.

study guide 8

... 이러므로 남자가 부모를 떠나 그 아내와 연합하여
둘이 한 몸을 이룰지로다 (창 2:24).

Marriage Guidebook

1. 결혼은 부모를 떠난 두 사람이 합치는 것이다. 몸을 합치는 것 외에 또 무엇을 합쳐야 하는가?

2. 결혼은 두 사람의 돈을 합치는 것이다. 그 의미는 무엇인가?

3. 상대와 결혼은 하겠지만 그와 돈을 합칠 생각이 없다면 그 결혼은 어떻게 해야 하는가?

4. 돈이 많으면 돈을 합치기가 어려울 수 있다. 왜 그런가?

5. 돈을 합칠 신뢰가 없으면서 몸을 합치는 것에 대해 당신은 어떻게 생각하는가?

6. 당신은 결혼을 한 후에 두 사람의 돈을 합쳤는가? 앞으로 결혼을 하면 돈을 합칠 것인가?

7. 배우자가 모르는 돈과 부채가 있어서는 안 된다. 왜 그래야 하는가?

8. 당신은 당신의 돈과 부채를 배우자에게 알려 주었는가? 상대의 돈과 부채도 알고 있는가? 혹 모른다면 서로 함께 나누라.

9. 보증을 서야 하는 경우 부부는 어떻게 해야 하는가?

10. 가정 경제는 누가 관리해야 하는가?

11. 이 과를 통해 받은 은혜를 함께 나누라.

study guide 9

... 이러므로 남자가 부모를 떠나 그 아내와 연합하여
둘이 한 몸을 이룰지로다(창 2:24).

Marriage Guidebook

1. 성경은 결혼을 '남자가 부모를 떠나 그 아내와 연합하여 둘이 한 몸을 이루는 것'이라고 한다. 여기서 '한 몸을 이루라' 는 의미는 무엇인가?

2. 하나님은 예수를 믿는 우리에게 '하나 되라' 고 하신다. 그 이유가 무엇인가?
(엡 4:1-6)

3. 부모를 떠나는 이유, 아내와 연합하는 이유는 하나 되기 위함이다. 당신의 가정은 하나인가?

4. 하나님이 창조하시고 보시기에 좋지 않았다고 하신 것이 하나 있다. 그것이 무엇인가?

5. 부부가 연합하여 동거함이 '토브' 이다. 이것의 의미가 무엇인가?

6. 하나 되면 행복하다. 하나 됨을 통해 지금 당신이 경험하고 있는 행복을 함께 나누라.

7. 하나 됨과 온전함은 어떤 관계인가?

8. 온전함에 이르는 길은 무엇인가?

9. 순종과 온전함의 관계를 설명하라. (히 5:8-10)

10. 결혼은 결혼 자체만을 위해 존재하는 것이 아니다. 결혼에는 미션이 있다. 그것이 무엇인가? (창 1:26-28)

11. 가정은 충전공동체다. 그 의미는 무엇인가?

12. 당신은 혹은 당신의 아내는 결실한 포도나무 같은 아내인가?

13. 이 과를 통해 받은 은혜를 함께 나누라.

study guide 10

... 입술의 열매를 짓는 나 여호와가 말하노라(사 57:19).

Marriage Guidebook

1. 결혼 생활에 많은 영향을 미치는 몇 가지가 있다. 그 중에 하나가 돈이다. 다른 하나는 무엇인가?

2. 결혼 생활에 지대한 영향을 미치는 말에 대해 『말의 힘』(조현삼 저, 생명의말씀사)을 가지고 공부해보라.

3. 『말의 힘』을 혹 읽었다면 그 중에 가장 인상적인 것을 함께 나누라.

4. '실상'을 말하지 않고 '바라는 것들의 실상'을 말하는 것이 어떤 것인지 설명하라.

5. 배우자 안에 있는 능력을 길어 올리는 방법을 함께 나누라. (잠 20:5)

6. 아내들이여, 남편을 인정하라! 남편을 인정하는 말, 교제하고 있는 남자 친구를 인정하는 말 20가지를 적어 보라.

7. 남편들이여, 아내를 사랑하라! 마음으로만 사랑하지 말고 말로도 사랑하라. 아내에게 사랑을 표현해야 할 이유를 적어 보라.

8. 부부의 연합을 위해 정직해야 한다. 정직하지 못하면 연합에 어떤 문제가 생기는가?

9. 배우자가 당신에 대해 의구심이 생기지 않도록 하라. 좋은 방법이 있으면 함께 나누라.

10. 거룩한 삼각관계에 대해 함께 나누라.

11. 결혼은 결혼식으로 끝나지 않고 평생 계속 된다. 이것이 의미하는 것이 무엇인가?

12. 결혼한 사람들을 위해 365일 24시간 운영 중인 서비스센터를 어떻게 이용할 수 있는가?

13. 이 과를 통해 받은 은혜를 함께 나누라.

사명선언문

너희가 흠이 없고 순전하여……세상에서 그들 가운데 빛들로
나타내며 생명의 말씀을 밝혀 _ 빌 2:15-16

1. 생명을 담겠습니다
만드는 책에 주님 주신 생명을 담겠습니다.
그 책으로 복음을 선포하겠습니다.

2. 말씀을 밝히겠습니다
생명의 근본은 말씀입니다.
말씀을 밝혀 성도와 교회의 성장을 돕겠습니다.

3. 빛이 되겠습니다
시대와 영혼의 어두움을 밝혀 주님 앞으로 이끄는
빛이 되는 책을 만들겠습니다.

4. 순전히 행하겠습니다
책을 만들고 전하는 일과 경영하는 일에 부끄러움이 없는
정직함으로 행하겠습니다.

5. 끝까지 전파하겠습니다
모든 사람에게, 땅 끝까지, 주님 오시는 그날까지
복음을 전하는 사명을 다하겠습니다.

서점 안내

광화문점 서울시 종로구 새문안로 69 구세군회관 1층
02)737-2288 / 02)737-4623(F)

강남점 서울시 서초구 신반포로 177 반포쇼핑타운 3동 2층
02)595-1211 / 02)595-3549(F)

구로점 서울시 동작구 시흥대로 602, 3층 302호
02)858-8744 / 02)838-0653(F)

노원점 서울시 노원구 동일로 1366 삼봉빌딩 지하 1층
02)938-7979 / 02)3391-6169(F)

일산점 경기도 고양시 일산서구 중앙로 1391 레이크타운 지하 1층
031)916-8787 / 031)916-8788(F)

의정부점 경기도 의정부시 청사로47번길 12 성산타워 3층
031)845-0500 / 031)852-6930(F)

인터넷서점 www.lifebook.co.kr